红色广东丛书

广东中央苏区

五华革命简史

中共广东省委党史研究室
中共梅州市委党史研究室
中共五华县委党史研究室 编著

SPM
南方出版传媒
广东人民出版社
·广州·

图书在版编目（CIP）数据

广东中央苏区五华革命简史 / 中共广东省委党史研究室，中共梅州市委党史研究室，中共五华县委党史研究室编著. —广州：广东人民出版社，2021.6

（红色广东丛书）

ISBN 978-7-218-15021-5

Ⅰ．①广…　Ⅱ．①中…②中…③中…　Ⅲ．①中央苏区—革命史—五华县　Ⅳ．① K269.4

中国版本图书馆 CIP 数据核字（2021）第 097763 号

GUANGDONG ZHONGYANG SUQU WUHUA GEMING JIANSHI

广东中央苏区五华革命简史

中共广东省委党史研究室
中共梅州市委党史研究室　编著
中共五华县委党史研究室

版权所有　侵权必究

出 版 人：肖风华

责任编辑：沈海龙
封面设计：河马设计　李卓琪
责任技编：吴彦斌　周星奎
排版制作：广州市广知园教育科技有限公司

出版发行：广东人民出版社
地　　址：广州市海珠区新港西路 204 号 2 号楼（邮政编码：510300）
电　　话：（020）85716809（总编室）
传　　真：（020）85716872
网　　址：http://www.gdpph.com
印　　刷：广东鹏腾宇文化创新有限公司
开　　本：787 mm×1092 mm　1/16
印　　张：12　　　　字　数：125 千
版　　次：2021 年 6 月第 1 版
印　　次：2021 年 6 月第 1 次印刷
定　　价：38.00 元

如发现印装质量问题，影响阅读，请与出版社（020 — 85716849）联系调换。
售书热线：（020）85716826

《广东中央苏区革命简史》编委会

主　任：陈春华

副主任：刘　敏　邓文庆

编　委：姚意军　张启良

《广东中央苏区五华革命简史》编辑部

主　　编：古江南

执行主编：江连辉

编　　辑：黄焕坤　陈彩萍　吴丽婷　谢丽兰

总　序

　　百年征程波澜壮阔，百年大党风华正茂。习近平总书记在党史学习教育动员大会上指出："我们党的一百年，是矢志践行初心使命的一百年，是筚路蓝缕奠基立业的一百年，是创造辉煌开辟未来的一百年。"翻开风云激荡的百年党史，一代又一代中国共产党人，用鲜血和生命浸染了党旗国旗的鲜亮红色，书写了可歌可泣的历史篇章，铸就了彪炳史册的丰功伟绩。一百年来，党的红色薪火代代相传，革命精神历久弥坚，红色基因已深深根植于共产党人的血脉之中，成为我们党坚守初心、永葆本色的生命密码。

　　广东是一片红色的热土，不仅是近代民主革命的策源地，也是国内最早传播马克思主义、最早成立共产党早期组织的省份之一。在新民主主义革命的漫长历程中，广东党组织在中共中央的领导下，发动、组织和领导广东人民开展了一系列广泛而深远的革命斗争。1921年，广东党组织成立后，积极开展工人运动、青年运动，并点燃农民运动星火。

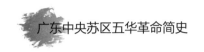

第一、二、三次全国劳动大会连续在广州召开，全国工人运动的领导机关——中华全国总工会在广州诞生。中国社会主义青年团第一次全国代表大会在广州召开，促进了全国团组织的建立、发展。在"农民运动大王"彭湃领导下，农潮突起海陆丰影响全国。

1923年，中共中央机关一度迁至广州，中国共产党第三次全国代表大会在广州召开，推动形成了第一次国共合作，建立了国民革命联合战线，掀起了大革命的洪流。随后，在共产党人的建议下，黄埔军校在广州创办，周恩来等共产党人为军校的政治工作和政治教育作出了重要贡献，中国共产党也从黄埔军校开始探索从事军事活动。在共产党人的提议下，农民运动讲习所在广州开办，先后由彭湃、阮啸仙、毛泽东等共产党人主持，红色火种迅速播撒全国。1925年，广州和香港爆发省港大罢工，声援五卅运动，成为大革命高潮时期一个十分引人注目的重要斗争。1926年，在统一广东革命根据地后，国民革命军在广州誓师北伐，以共产党员为骨干的北伐先锋叶挺独立团所向披靡，铸就了铁军威名。在北伐战争胜利推进的同时，广东共产党组织和党领导的革命队伍迅速扩大和发展，全省工农群众运动也随之进入高潮。

1927年"四一二"反革命政变以后，广东共产党组织在全国较早打响反抗国民党反动派血腥屠杀的枪声，广州起义与南昌起义、秋收起义一起，成为中国共产党独立领导中国革命、创建人民军队的伟大开端。随后，广东党组织积极探索推进工农武装割据，在海陆丰建立第一个县级苏维埃政权，并率先开展土地革命，开启了中国共产党领导人民进行的最重大的社会变革。与此同时，广东中央苏区逐步创建和发展起来，为中国革命的发展作出了不可磨灭的贡献。1931年，连接上海中共中央机关与中央苏区的中央红色交通线开辟，交通线主干道穿越汕头、大埔，成功转移了一大批党的重要领导，传送了重要文件和物资，成为土地革命战争时期党的红色血脉。1934年，中央红军开始了举世瞩目的长征，广东是中央红军从中央苏区腹地实施战略转移后进入的第一个省份，中央红军在粤北转战21天，打开了继续前进的通道，成功走向最后的胜利。留守红军在赣粤边、闽粤边和琼崖地区进行了艰苦卓绝的游击战争，高举红旗永不倒。

抗战全面爆发后，中共中央和中共中央长江局、南方局十分重视和加强对广东党组织的领导，选派了张文彬等大批干部到广东工作。日军侵入广东以后，广东党组织奋起领导广东人民开展敌后抗日游击战争，成立了东江纵队、琼崖纵队、珠江纵队、广东人民抗日解放军、南路人民抗日解放军和韩江纵队等抗日武装，转战南粤辽阔大地，战斗足迹遍及70多个县市。华南敌后战场成为全国三大敌后抗日战场之一，党领导的广东人民抗日武装被誉为华南抗战的中流砥柱。香港沦陷以后，在中共中央的领导和周恩来等人的精心策划安排下，广东党组织冲破日军控制封锁，成功开展文化名人秘密大营救，将800多名被困香港的文化名人、爱国民主人士及家眷、国际友人等平安护送到大后方，书写了抗战史上的光辉一页。

解放战争时期，在中共中央的领导下，华南地区大力开展武装斗争，开辟出以广东为中心的七大块游击根据地，成立了中国人民解放军琼崖纵队、粤赣湘边纵队、闽粤赣边纵队、桂滇黔边纵队、粤中纵队、粤桂边纵队和粤桂湘边纵队等人民武装，其中仅广东武装部队就达到8万多人，相继解放了广东大部分农村，在全省1/3地区建立起人民政权，为广东和华南的解放创造了有利条件。在广东党组织的配合下，人民解放军南下大军发起解放广东之役，胜利的旗帜很快插遍祖国南疆。

革命烽火路，红星照南粤。广东见证了中国共产党从新生到大革命、土地革命，再到抗日战争、解放战争等革命斗争全过程。其间，毛泽东、周恩来、刘少奇、朱德、邓小平、叶剑英、彭德怀、刘伯承、贺龙、陈毅、聂荣臻、徐向前、李富春、粟裕、陈赓等老一辈革命家和李大钊、蔡和森、瞿秋白、陈延年、彭湃、叶挺、杨殷、邓发、张太雷、苏兆征、杨匏安、罗登贤、邓中夏、恽代英、萧楚女、阮啸仙、张文彬、左权、刘志丹、赵尚志等一大批革命先烈都在广东战斗过，千千万万广东优秀儿女也在革命斗争中抛头颅、洒热血，留下了光照千秋的革命历史和革命精神。广东这片红色热土，老区苏区遍布全省，大大小小的革命遗址分布各地，留下了宝贵而丰厚的红色文化历史遗产。

习近平总书记强调，中国革命历史是最好的营养剂。重温这部伟大历史能够受到党的初心使命、性质宗旨、理想信念的生动教育，必须铭记光辉历史、传承红色基因。我们有责任把党领导广东人民进行革命斗争的光辉历史和伟大功绩研究深、挖掘透、展示好，全面呈现广东红色文化历史，更好地以史铸魂、教育后人，让全省人民在缅怀英烈、铭记历史中汲取砥砺奋进的强大力量，让人们深刻认识红色政权来之不易，新中国来之不易，中国特色社会主义来之不易，确保红色江山的旗帜永远高高飘扬。

为充分挖掘广东红色文化资源的丰富内涵，我们组织省内党史、党校、社科、高校等专家学者，集智聚力分批次编写《红色广东丛书》。丛书按照点面结合、时空结合、雅俗结合原则，分为总论、人物、事件、地区、教育五个版块。总论版块图书，主要综述中国共产党在广东的革命斗争历史概况，人物版块图书主要讴歌广东红色人物，事件版块图书主要论说党领导广东人民开展革命斗争的历史事件，地区版块图书从地市和历史专题角度梳理广东地域红色文化，教育版块图书着力打造面向青少年及党员的红色主题教材。丛书以相关的文物、文献、档案、史料为依据，对近些年来广东红色文化资源研究成果做了一次全面系统梳理，我们希望这套丛书能为党史学习教育、革命传统教育、爱国主义教育提供重要内容支撑。

一切向前走，都不能忘记走过的路，走得再远、走到再光辉的未来，也不能忘记走过的过去，不能忘记为什么出发。站在"两个一百年"的历史交汇点上，我们要更加坚定自觉地学史明理、学史增信、学史崇德、学史力行，赓续红色血脉，传承红色基因，以一往无前的奋斗姿态、风雨无阻的精神状态，推动广东在全面建设社会主义现代化国家新征程中走在全国前列、创造新的辉煌。

《红色广东丛书》编委会

2021 年 6 月

五华革命烈士纪念碑

五华县革命烈士陵园

宗圣祠——东征军政治部旧址

长乐学宫——东征军一团驻地旧址

祥裕楼——五华县第一个农民协会（鳌背乡农民协会）旧址

德公祠——优行乡农民协会旧址

梅冈寺——五华县农民自卫军训练旧址

石铺红色古驿道遗址

东灵寺——五华县苏维埃政府旧址

百安双利屋——五华县农军指挥部旧址

三江书院——中共五华县小组诞生旧址

禁止米谷出境斗争旧址

益和当——横陂解围战旧址

庵子塘——中共五华县委诞生旧址

竹山兵工厂遗址

五华县第一个乡苏维埃政府——睦贤乡苏维埃政府成立旧址

良贵楼、体璋楼——红军标语群旧址

虎石红军标语墙

火烧三多齐公路木桥遗址

日军侵华罪证弹亭，位于横陂镇夏阜中学校园

中共后东特委革命活动旧址群（位于长布镇福兴村）

锡坪下畲战斗旧址

福庆楼——五华县人民政府旧址

安流中学北楼——揭陆华边人民行政委员会旧址

五华农会会旗，该文物现收藏于五华县博物馆

五华农民协会委任状，原件存于黄
汉庭（烈士）后人手中

广东工农讨逆军第七团队部印章，该印章为木质印章，印章字为"广东工农讨逆军第七团团队部"。该原件现藏五华县博物馆

五华第八区扬塘乡苏维埃政府模范队队旗。原件现收藏五华县博物馆

五华县第七区葵沙乡苏维埃政府印章。现收藏于中国国家博物馆

闽粤赣边五兴龙苏维埃政府印。现收藏于龙川县博物馆

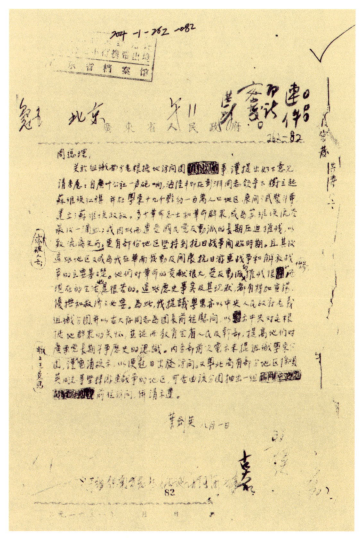

1951 年 8 月 1 日，叶剑英给周恩来总理写信，提议以古大存为团长，慰问粤东革命老根据地。8 月 15 日，中央人民政府派出以古大存为团长的中央人民政府南方老根据地访问团粤东分团，深入粤东革命老区进行走访慰问。该信现收藏于广东省档案馆

1949 年 5 月 25 日，五华人民武装进驻县城华城

1949 年 10 月 6 日，横陂各界人民庆祝中华人民共和国成立

1949年冬，五华政工队在华城长乐学宫演出《白毛女》合影

1949年7月，曾天节（吉普车前排左1）率起义部队赴兴宁阻击胡琏兵团窜扰

目　录

后 记

前　言

　　五华史称长乐，北宋熙宁四年（1071年）置县，民国三年（1914年）改称为五华，位于粤东北部、韩江上游，是广东省重点革命老区，属原中央苏区范围，素有"文化之乡、足球之乡、工匠之乡、华侨之乡"的美誉，是梅州市人口最多的县。在新民主主义革命时期，素有"五华阿哥硬打硬"之称的五华人民，在中国共产党的领导下，在血雨腥风的险恶环境中，以坚定的革命信念、顽强的革命意志、不怕牺牲的革命精神，与反动势力进行了艰苦卓绝的长期斗争。英雄的五华人民不仅没有被反革命势力所摧毁，反而保存了革命火种，壮大了革命力量，红旗在五华大地高高飘扬，最终取得了革命胜利。

　　翻开五华新民主主义革命时期的斗争史，可以发现，五华人民开展的革命斗争具有时间早、历程长、地域广、贡献大的显著特点。五华是广东地区较早成立中共地方组织的县份之一，大革命时期，英勇的五华人民在中国共产党的领导下，积极参与两次东征，讨伐军阀陈炯明；随后成立农民协会，动员群众加入农会，实行"二五减租"，掀起了轰轰烈烈的农民运动。至1926年年底，

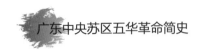
全县共建立350多个乡农会，15个联乡办事处，8个区农会，会员达6万余人，占全县总人口的五分之一，会员人数居全省第四位。此时的五华成为大革命时期广东省农民运动开展比较早、比较好的地区之一。

这一时期五华的革命斗争创下了多个梅州"第一"：登畲鳌背乡农民自卫军是梅州市第一支工农革命武装；中共五华县小组是梅州最早建立的中共地方组织；睦贤乡苏维埃政府是梅州首个苏维埃政权；兴梅区在中国共产党领导下建立了第一个妇女会——龙村区杜坑乡妇女会。五华县是梅州地区最早成立工农武装的地方，1927年广东四一五反革命政变的当天，五华工农革命武装就打响了武装反抗蒋介石国民党反动派的枪声，取得了"横陂解围战"的胜利；1928年春发动十万工农革命群众参加的"丁卯年关大暴动"震撼粤东地区……

大革命失败后，五华党组织带领五华人民在极其困难、险恶的斗争环境中，始终坚持顽强斗争，参与创建了八乡山革命根据地，五华子弟积极参加中国工农红军第十一军；参与创建了五兴龙革命根据地，五华苏区被纳入中央苏区。在中央苏区时期，五华人民为中央苏区输送了大量的紧缺物资和党政军领导干部。英勇无比的五华人民用生命和鲜血牵制国民党"围剿"中央苏区的大量兵力，成为中央革命根据地的南方屏障。据目前掌握的资料，中央红军长征时，参加长征的五华籍红军有10人，参加人数在全省（市）仅次于大埔县，位居第二。抗日战争时期，五华党组织恢复重建，培养发展了一批革命精英，高举团结抗日的旗帜，冲破五华国民党顽固派制造的反共逆流，发动学运斗争，联合一切可以团结的抗日团体、阶层及爱国志士，开展抗日救亡运动。解放战争时期，五华人民组织武装队伍，开展武装斗争，开辟了许多游击根据地，配合人民解放军，解放了五华，击退了胡琏兵团窜扰，掀起了迎军支前高潮。纵观整个新民主主义革命时期，中共五华地方组织带领五华人民经历了胜利、失败、再胜利、再失败、直至最后胜利的艰难斗争历程。这一时期全县被评为革命烈士的有1333名，占梅州同时期烈士总数4513名的29.5%。其中五华在土地革命战争时期牺牲的有1140名，为梅州各县（市、区）之最。

在艰苦奋斗与铸就辉煌的革命岁月里，一大批革命先辈如周恩来、叶剑英、彭湃、陈赓、古大存、曾国华、刘永生、梁威林、郑群等在五华大地上留下了深深足迹。在中国共产党领导下的新民主主义革命时期五华革命斗争历史，不仅是五华近现代史中最为光辉的一页，而且也是梅州甚至广东新民主主义革命史中不可或缺的重要组成部分。

五华苏区革命斗争历史是一部五华人民浴血奋战、闹翻身、求解放的血泪史，也是一部五华人民奋力拼搏、敢为人先、促进社会变革的变迁史。英勇的五华苏区人民把自己的命运与中华民族的命运紧紧地联系在一起，与中国共产党的命运紧紧地联系在一起，他们生死相依，患难与共。在极其艰难的条件下，五华苏区人民不怕艰难困苦，不怕流血牺牲，涌现了许多"父殉难子接枪，郎牺牲妹向前，叔阵亡侄顶上"的可歌可泣的事例，这是当时原中央苏区人民为建立中华人民共和国做出巨大牺牲的真实写照。

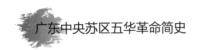

中华人民共和国成立后，1951 年 8 月，中央人民政府派出以古大存为团长的中央人民政府南方老根据地访问团粤东分团，先后到安流、梅林、双华等区乡慰问革命老区人民。随后 8 年间，省地县各级政府拨救济粮（稻谷）359 万斤、救济款 65.68 万元，帮助老区人民购回耕牛 2104 头和修建房屋 7190 间，下拨生产物资一大批，帮助老区人民解决住、吃、穿问题。1957 年 4 月，五华县被评为广东省革命重点革命老区，当时全县被上级评划的革命老根据地村庄（管理区）有 335 个，老区村庄人口 54 万人，占全县农业总人口的 56%。1989 年，全县又有 55 个村被补评划为革命老根据地。2013 年 7 月，中共中央党史研究室确认五华在土地革命战争时期属于原中央苏区范围。2019 年 3 月，中共中央宣传部、财政部、文化和旅游部、国家文物局公布第一批革命文物保护利用片区分县名单，五华县入选原中央苏区片区和海陆丰片区。所有这些，不仅告慰了长眠在这片红色土地下 1594 名英烈的英魂，更是体现了党和国家对五华这个革命老区在中国革命史上重要历史地位的充分肯定，也为五华革命老区今后的发展提供了新的机遇。

加快革命老区苏区的振兴发展、全面建成小康社会是党中央和省、市党委政府交给我们的政治任务，也是当前五华干部群众的历史使命和责任担当。进入新时代，五华迎来了粤港澳大湾区建设、老区苏区振兴发展、乡村振兴战略和脱贫攻坚等政策叠加的重大历史机遇。苏区振兴，正当其时，恰逢其势。《广东中央苏区五华革命简史》的成书出版，全方位把五华老区人民的巨大贡献、伟大精神充分展示出来，是一部字里行间流淌着红色血脉，催生着革命激情的鲜活历史教材；也是一部讴歌中共五华组织、讴歌五华苏区人民、为革命老区苏区人民树碑立传的重要红色文化载体。这将为五华全县各级领导干部在新时代新征程中汲取历史智慧和营养，并提供丰富的历史借鉴；也为五华广大干部群众接受红色文化熏陶，并将其转化为砥砺前行的精神动力。五华将破难攻坚、奋勇争先，全力推进"一核两区三组团"发展战略，全力加快建设"工匠之乡·宜居五华"，为广东实现"四个走在全国前列"作出新的更大贡献！

第一章

农运星火燎原，赤旗席卷大地

第一节　五四爱国运动新思想
在五华传播

五华古称长乐，地处广东省东部、韩江上游，全县总面积3238.9平方公里。自北宋熙宁四年（1071年）置县，因南越王赵佗在华城筑有"长乐台"而称长乐县，归广南东路循州管辖。明洪武二年（1369年）始隶属惠州。清雍正十三年（1735年），改隶嘉应州（今梅州）。明清时，设1厢、3都、9图、52乡。民国三年（1914年），因国内三县同名，遂改为五华县，今属梅州市。

五华县是兴梅各地通往广州、韶关的交通战略要冲。县内有五华河、琴江两条河流，河道纵横交错，东、西、南三面边境崇山峻岭，千米以上高峰31座，西南有七目嶂雄踞制高点，可俯瞰里外；东南面有连绵不断的莲花山脉，自南向东，与琴江同一走向，成为高峻巍峨的天然屏障，可遏制敌人向内地延伸，可供部队大量隐蔽、大幅度周旋，既有利于消灭敌人，又有利于保存自己的实力，是兵家必争的战略要地。五华又是客家人聚居的主要县份之一。由于客家人祖先在中原，他们把中原先进文化带进了五华。五华民风俭朴，民性刚毅、强悍，具有崇文尚武的习俗，故有"五华阿哥硬打硬"一说。

自鸦片战争后，五华农村经济和手工业遭到严重破坏，加上地主、豪绅重租重利盘剥，农民生活一日不如一日，以致家破人亡，背井离乡者日趋增多。

有压迫，就有反抗。饱受压迫和剥削的五华人民，终于举起了反封建大旗，向封建堡垒发起了总攻。1854年7月，水寨三点会首领李正春首先率领农民几千人揭竿起义，攻陷长乐县城，杀死县知事荣桂，揭开了近代五华人民反封建斗争的序幕。1855年12月，五华农民配合太平军翟火姑部，克梅林、安流等地，追击清军于横陂锡坑，沉重打击了封建王朝统治。1895年，五华农民甘亚士、黄康成率部二次起义，打官府，劫富济贫，震动了嘉应州。1911年，五华农民积极参加孙中山领导的辛亥革命，驱逐了知县徐炳绶，建立了民国军政府，结束了千百年来的封建君主制度。1915年12月，袁世凯窃取政权后，复辟帝制，五华农民曾吉如马上会同兴宁曾田螺组织讨袁军，攻克长乐县城，杀民团团长李淑宾，俘县长陶相，开监狱，释放无辜，告示安民，革命风暴席卷全县。据旧志记载，五华百年来，农民暴动和起义就达40多次。这些反封建斗争虽一次次被镇压下去，但五华人民的斗争精神代代相传。他们接过先辈的革命斗争大旗，前仆后继，战斗不止。

1919年5月4日，在北京爆发了震惊中外的中国人民反帝、反封建主义的五四爱国运动。这一消息传到五华，立即引起了共鸣。五华县立中学校学生温佩根、钟麟光等人，首先发起成立了

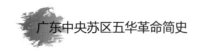

五华学生会，领导全县中小学开展反帝反封建斗争。五华学生会组织宣传队、宣讲团深入到各圩镇、乡村、中小学校，宣讲北京、广州学生爱国活动，号召全县人民动员起来，加入反帝反封建行列。10月下旬，河口县立高等小学和安流三江高等小学的师生，热烈响应五华学生会号召，高举三角小旗，敲锣打鼓到水寨、安流、转水等圩镇巡回演讲，示威游行，沿途振臂高呼"打倒帝国主义""打倒卖国贼""打倒奸商""焚毁日货"等口号，把运动引向高潮。五华学生会还组织检查队，会同工商界查封了奸商所开的"宝丰祥"商号，将其所购进的日本棉纱焚烧，震动很大。抵制日货斗争迅猛发展，五华手工业工人、农民、商人也迅速行动起来，到处设卡，拦截日货，打击不法奸商。顿时不购日本货、还我手工业产品市场的抵制日货的烈火在五华越烧越旺。从此，五华全县各地每年以五四运动为节点，大力宣扬五四精神，使五四精神深深地烙在五华人民心里。

五四运动的胜利，使五华人民亲眼看到了青年学生的希望，促进了五华办学热潮，将安流三江高等小学、河口县立高等小学、乐育小学扩办为中学，将长布元坑中书馆改办为初级中学，各约都兴办了初小或高小。各中小学校接受新文化运动的熏陶，广大师生运用学校这个阵地，对广大青少年进行爱国主义教育，提倡白话文，抛弃文言文。许多教师用白话文授课，与学生一起进行五四运动革命斗争宣讲，一起参加文字改革学术讨论，活跃了校风。随着新文化运动的兴起和发展，华城、水寨、安流等圩镇到处张贴严禁相命佬、巫婆、神棍进行迷信活动，轻则罚款、重则坐牢的布告，一时破除迷信、相信科学在五华全县蔚然成风。

随着五四运动的深入开展，马克思主义思想开始在五华传播。五华在县城关岳庙设立五华通俗图书馆，开办五华书局，开始销售《新青年》《新妇女》《新五华》等进步书刊。经五四运动革命风暴的洗礼，五华一些先进青年知识分子如黄国梁、古大存、古云章、宋青、魏公杰、陈倬汉等人，锻炼成为五华早期的共产主义者。他们更加清楚地看到国家命运岌岌可危，更加感到腐败黑暗的社会现状难于忍受。于是他们远离故土，前往广州、上海、梅州等地，为了探寻救民族于危亡、拯父老出水火的救国之道在乱世中上下求索，自觉担负起拯救国家前途命运的使命。他们不但在学校里认真研究了俄国十月社会主义革命的胜利经验，探讨社会主义新思想，而且利用寒暑假机会，回到家乡五华传播社会主义新思想。并将各种进步报刊，如《新青年》《每周评论》《觉悟》《湘江评论》《春雷》等源源不断寄回五华。五华县立中学校、安流私立三江中学、河口县立高等小学、横陂崇文高级小学、长布元坑初级中学等学校，通过出版校刊、墙报，设立时事讲座，讨论社会主义新思想。社会主义新思想逐步在五华人民头脑中扎根。社会主义新思想在五华的传播，为中国共产党组织在五华的建立奠定了思想基础。

第二节　周恩来两次东征到五华 [①]

　　1925 年 2 月和 10 月，在大革命国共合作的推动下，在中国共产党和苏联顾问团的帮助下，广东革命政府实施了讨伐反动军阀陈炯明的两次东征作战。此时，周恩来作为中共广东区委主要负责人之一，同时又先后担任黄埔军校政治部主任、东征军政治部主任、东江党务组织主任、东江行政专员，主政东江潮梅，发挥了重大作用。

　　第一次东征。1922 年 6 月，军阀陈炯明背叛孙中山先生领导的国民革命，调动其军队炮击广州观音山下的总统府。后被孙中山领导的国民革命军击败，退据东江一带，企图在东江建立大本营，扩充势力，再次攻打广州。

　　为扫除东江一带叛军陈炯明部，统一广东，1925 年 2 月 1 日，广东革命政府举师东征。周恩来以黄埔军校政治部主任身份，率领军校校军出发，参加东征。3 月 16 日，东征军分三路向五华安流进军，左路由塘湖包抄安流，右路由葵岭进逼安流，中路由棉洋直插安流。军阀陈炯明在五华擅任官吏，私定苛捐杂税，巧立

---

① 中共广东省五华县委党史研究室编：《中国共产党五华县地方历史》（第一卷），内部资料，1997 年 5 月，第 7 页。

名目筹饷；开设赌场，包办烟土；侵占民房，强拿夫役；收容土匪，纵令兵士奸淫掳掠，五华人民早就恨之入骨。国民革命军举师东征，讨伐军阀陈炯明，顺民心，达民意。因此，东征军一进五华，五华人民就送茶送饭慰劳，热情接待，农民手持粉铳、尖串、耙头为东征军站岗、放哨，打探军情。五华90个农民自动报名，充当东征军向导。东征军得到五华人民热情接待、支援，如鱼得水，士气大增，在周恩来等人指挥下，个个战士奋勇向前杀敌。敌见势不妙，纷纷弃枪涉河，向鲤江、横陂方向逃窜。

1925年3月17日，东征军攻陷了五华重镇安流，追逃敌至五华锡坑、横陂。逃敌选择锡坑禁山岗、衣架顶山丘的有利地形，强拉附近乡村民伕，构筑工事，准备与东征军决一死战。为避敌锋芒，随军政治宣传员古大存建议巧袭五华县城。周恩来接受了古大存的建议，亲率教导一团，在五华农会干部古月姐、陈三、古兆容等人的引导下，绕道周江、龙渚，经锡坪、潭下、湖田等地，夜行军100多里，抵华城东南2公里之五口塘。

18日午夜，东征军何应钦团长指挥部队将华城东、西、南三面城门包围，张开北门一路，待机歼敌。东征军乘漆黑夜晚俘获敌巡哨连长一人，经审讯，得知城内守敌没做战斗准备的情报后，马上命令共产党员李芝龙率部化装成敌运输队由敌连长引路，从南门突进。敌师长王得庆见南门被攻破，部属乱作一团，率部弃城向北门溃逃。东征军乘胜追击，大获全胜。

此役，俘获敌师参谋长1名，行营副官多名，缴获机枪2挺，步枪六七百支，辎重及其他军用品一大批。据守锡坑、横陂之陈

军，见五华县城失守，惧怕东征军南北夹攻，断其后路，马上率部往油田、兴宁水口方向逃窜，东征军乘势追击，大获全胜。

东征军攻占五华县城后，周恩来坚决执行孙中山"扶助农工"的政策，积极依靠和组织工农群众。由于东征军纪律严明，所到之处，秋毫无犯，加上东征军耐心细致的政治思想工作，赢得了五华民心，鼓舞了五华人民投身国民革命。五华县城各界人士积极参加周恩来主持召开的座谈会，热情发表自己的意见；以主人翁精神，组建了五华民主革命政府，推举温其藩（屏南）为五华县长。周恩来还深入到五华县立中学校，向教师、学生发表政治演讲，勉励师生要投身国民革命运动；组织发动五华县立中学校的学生，成立"新学生社"，社员 30 多人。以"新学生社"为核心力量，组成"五华县学生联合会"（简称"五学联"）。他还深入到农村、圩镇、学校，宣传孙中山"联俄、联共、扶助农工"的三大政策。

经过东征军和"五学联"深入宣传发动，五华人民逐渐觉醒，纷纷起来揭发官僚地主张谷山、陈倬人、张柱孙等人欺压百姓、鱼肉人民的罪行。周恩来根据学生、群众举报，扣留了侵占老县衙旧址的陈倬人和买官卖爵的张柱孙二人，责令大地主、地头蛇张谷山写悔过书，并警告其他地主豪绅要痛改前非，重新做人。

周恩来在华城期间，在中山公园内亲手规划了 1 万多平方米的运动场，促进了五华足球运动的发展。东征军离开五华时，留下一小队学生军，协助县长、算账委员会整治五华社会劣风，清算全县各区乡贪官污吏、地主豪绅剥削压迫人民的罪行。此时，五华的政治面貌焕然一新，平时欺压人民的反动头面人物，如缩洞老鼠，销声匿迹；曾被人踩在脚底下的农民，兴高采烈，扬眉吐气，昂首挺胸，走在大路上。

第二次东征。1925年6月初，盘踞在广州的杨希闵（滇军）、刘震寰（桂军）公开背叛革命。东征军奉命回师广州平叛。陈炯明残部乘机卷土重来，进驻五华，五华人民又一次陷入苦难之中。陈炯明解散五华县民主革命政府，赶走县长温其藩，任命其弟陈炯光为五华县长；派兵进驻县党部，摧残各级农会，"围剿"农民自卫军；开征苛捐杂税，强勒军饷，农民无力缴交者，则指为盗匪，要卖田卖子以偿，整个五华怨声载道。

7月20日，安流区长郭洪恩恃陈炯明部华振中旅屯兵该地之势，带兵围捕安流区农会会长胡汉奇、指导员张俊声和古心君等4人，用民船押往县城，拟交反动县长陈炯光处置。洑溪、万安、鹤园、长洋等乡农会获悉，组织100多名农军追至牛麻潭截击营救成功，即乘胜反击安流区署，缴获步枪12支，释放胡日先等6名无辜被扣贫民。然后突袭华振中旅驻地三江书院，激战2天，打得敌人溃不成军，退据高石下。

失败后的华振中旅，旋又勾结豪绅，统率徒众重占三江书院，登高扫射民房，残杀人民。为消灭陈军，打击敌人嚣张气焰，县农会长魏宗元调集安流、棉洋、梅林、龙村、华阳等地农军1000多人，于8月4日强攻三江书院，击毙敌参谋长陈铭勋。敌首眼见难于抵御农军攻势，忙急电求援。军阀陈炯明接到求救电后，急从兴宁调来一旅兵力增援华振中旅，猛扑五华农军。

敌占据安流后，到处奸淫抢夺，乱杀无辜，其罪行罄竹难书。据当时县农会负责人古淑琴等写给彭湃的报告中述：自鲤鱼岗至安流、棉洋50余里，万室皆空，断绝烟火。计被劫掠50余乡，被焚房屋100多间，被宰牛、猪400余头，被割去田禾400余亩。男女老幼被杀害者无数，尸骸遍野，号哭连天。要求广东革命政府速派兵镇压，以救万民。

1925年10月5日，广州国民政府起师第二次东征。10月27日，东征军第三师师长谭曙卿率部从紫金进抵五华华阳，五华人民热烈欢迎，自觉报名充当东征军向导，带领东征军向驻守在席草湖、马鞍山一带的陈军李易标部、黄业部、王定华部发起进攻。陈军以数倍兵力迎战东征军，战况激烈，东征军总指挥蒋介石即赴华阳圩宝林寺坐镇督战，因众寡悬殊，后援不及，致战斗失利，东征军损失严重。总指挥蒋介石在陈赓全连掩护下，脱离险境。

28日，陈军黄任寰部，再犯五华华阳，经东征军第二团官兵左冲右突，杀得敌人尸横遍野，败退五华罗经坝。此时，陈军林虎、刘志陆、李易标部主力在东征军二纵队跟踪追击下，也从安流退守棉洋罗经坝一带，妄图配合驻守在揭西的洪兆麟部，反攻东征军主力部队。东征军总政治部主任周恩来、师长何应钦率部在河婆大破陈军洪兆麟部后，除留一团驻守河婆外，即率其余部队乘胜追击洪兆麟残部至五华棉洋一带。

根据敌军兵力部署情况，东征军总政治部主任周恩来在安流三江书院召集一、二纵干部研究，决定分兵三路围歼陈军主力。第一路由五华农会会员张亚昌等人带路，从大九塘进发；第二路由古大存带领，由棉洋、平安出发；第三路由五华农军中队长陈笑眉带路，从大都、竹山截击敌人。驻守棉洋罗经坝陈军的林虎、刘志陆、李易标及洪兆麟残部在东征军一纵、二纵夹击下，敌军向双华李塘径、葵岭方向败退，后遭东征军第三路截击，将敌军包围在李塘径、葵岭一带。在东征军将士奋勇冲击下，击破了陈军林虎部主力，共歼敌 1 万多人，俘敌 6000 人，缴获各类枪支5000 余支，大炮 6 门，辎重不计其数。战斗结束后，周恩来于 10月 31 日向国民政府告捷时写道：此役五华"乡民助战，有若一家"。战绩显著，不亚于棉湖告捷、惠城获克。

1925 年 10 月 28 日，东征军第三纵队长程潜率军攻陷老隆后，急行军百里，迫近五华县城。守城陈军林烈部仓促应战，东征军只交战 6 小时，就攻陷了五华县城。次日，东征军重组五华民主革命政府，指定钟慕良代理五华县长，并出示布告废除陈军规定的各种苛捐杂税，安抚乡民。乡民闻悉，笑逐颜开，聚集在县城学宫门前，举行东征胜利联欢会，参会人数达六七百人，盛况空前。东征军为表彰配合作战有功的五华人民，特发给步枪 120 支，子弹万余发，支援五华农运。据省农会扩大会议宣言中述：海陆丰、五华为国民革命军东征的胜利，牺牲了 500 多人。五华人民为统一广东作出了重要贡献。

周恩来两次东征到五华，领导东征军打倒了陈炯明军阀势力的反动统治，扫荡了政治障碍，加强了国共合作，推动了工农学生运动的迅猛高涨，对五华革命产生了深远影响。他是五华乃至梅州地方党团创建者和领导者，是梅州地区党团组织的大功臣。

第三节　中共五华地方组织的创建和发展

　　1922 年下半年，就读于广东省立第一甲种工业学校的学生黄国梁（郭田镇龙潭村人）加入中国共产党，成为早期的中共党员和马列主义在中国岭南地区的传播者，五华革命的先驱人物。入党后，他深得中共广东区委主要负责人周恩来、陈延年等人的信任。1925 年年初，中共广东区委委任总务黄国梁担任国光书店经理及其所属的国民印刷厂负责人，开始大量印刷《共产党宣言》《帝国主义浅说》《新青年丛书》等进步书籍，促进了马克思主义在南粤大地的传播。身在广州的黄国梁，以国光书店经理的身份，组织发动旅穗五华籍青年学生、打石工人、理发工人，成立"五华旅省同乡会"。他不但向同乡会会员介绍俄国十月革命成功经验，还将《向导》周报和《中国青年》《马克思主义浅说》等进步报刊、书籍送给会员学习，启发他们起来革命。同乡会会员在他的启发教育下，认真钻研马克思主义理论，走与工农相结合的道路，积极参加革命，逐步锻炼为具有共产主义觉悟的无产阶级先锋战士。黄国梁先后介绍五华青年学生宋青、古大存、魏公杰、江杰夫等人入党。

古大存（梅林镇优河村人），东江地区卓越的农运先驱和东江革命根据地的创建人。他于1920年春就读广东公立法政专门学校。在校期间，他思想上受到了启蒙，逐步增强了社会主义信仰，立志追求革命真理，做一个社会主义者。1924年，经黄国梁、宋青介绍，他加入了中国共产党。入党后，他愉快接受党的分配，圆满地完成了组建"五华青年同志会"的任务，团结"五华青年同志会"会员，编印出版《春雷》杂志，发至广州、五华各地。由于他笔锋犀利，敢于针砭时弊，提倡民主、科学，《春雷》在五华影响颇深。翌年春，他以东征军战地政治宣传员身份随军回到五华，宣传社会主义新思想，号召五华人民团结起来，打倒地主豪绅，建立新社会。第一次东征胜利后，党组织派古大存以广东省农民协会特派员的身份回五华工作，从此，开始了他领导五华农民运动的革命生涯。

1925年3月，东征军播下的革命火种已在五华大地上燃烧起来，五华农民纷纷组织起来，建立农民协会。五华农运的迅猛发展，大大调动了五华旅穗青年革命积极性，他们毅然放弃求学、求职机会，回到家乡参加农民运动。3月，团汕头支部成立。5月，宋青即以新学生社特派员身份被派往五华安流工作，联系上古大存，与共产党员古云章一起，先后发展古淑琴、梁嘉璧、张焕球、魏弼汉、温伴樵等入党。夏初，他们在安流三江书院秘密成立中共五华小组，推举宋青为党小组负责人，这是梅州地区第一个成立的党小组。中共五华小组的建立，标志着五华人民反帝反封建斗争进入了新时期。中共五华小组成立后，便十分注意与工农运动相结合，积极挑选培养农运骨干，把一大批从农运斗争第一线涌现出来的思想觉悟高、立场坚定、全心全意为人民服务的农运带头人，吸收为党员。至1925年7月止，全县党员发展了20人，除河口、水寨区尚无党员外，其他各区均有党员两三人。

随着党的力量壮大发展，1925年7月，中共五华小组在横陂志安西药房楼上召开全县党员大会，将中共五华小组改为中共五华县特别支部（简称中共五华特支）。经到会上20名党员民主选举，选举宋青为特支书记，魏公杰为组织干事，古淑琴为宣传干事，古大存为军事干事，古云章、魏弼汉、梁嘉璧等为特支委员。第二次东征军抵达五华后，指定古大存负责整顿五华县国民党党部。1925年10月，宋青调往汕头团地委工作，中共五华特支书记由李国光接任。1926年年初，周恩来主政惠（州）、潮（州）、梅（州）工作，成立了中共汕头地委。中共汕头地委向五华等县发出"要把党的基础建筑在乡农民协会上面"的指示。中共五华特支遵照中共汕头地委指示精神，一面在区、乡农会中积极发展党组织，一面选派共产党员魏挺群3人，前往"潮梅海陆丰农工人员养成所"，参加中共汕头地委举办的首期党员学习班。1926年夏，中共五华特支带领五华农民实行"二五减租"，农民获益，中国共产党的威信空前提高，要求入党的农民愈来愈多。中共五华特支因势利导，抓紧培养发展党员，使党员人数迅速增至200人。1926年冬，中共梅县部委成立。1927年2月，中共梅县部委指派宣传部部长吴健民改组中共五华特支，改组后，中共五华特支书记为宋青，组织魏公杰，宣传古大存。

中共五华地方组织的创建、发展，是五华这个封建落后的山区开天辟地的大事，它标志着五华革命领导核心已经形成。五华人民从此在中国共产党的直接领导下，为根本改变被压迫、被剥削状况，为实现人民当家做主的远大理想，开始了艰苦卓绝、不屈不挠的斗争历程。

第四节　农运风潮，席卷全县

在广东党组织、青年团努力开展工人运动、青年和学生运动的同时，澎湃在他的故乡——海丰和陆丰点燃了农民运动的星火。1922年7月，彭湃在海丰建立了"六人农会"。10月，建立了赤山约农会。农会的影响越来越大，加入农会的农民越来越多。彭湃在海陆丰推行"谋农民生活之改善，谋农业之发展，谋农村之自治，谋农民教育之普及"的农运纲领，深得民心。在海丰挑盐、做工的五华农民和工人闻风而动，热烈响应彭湃号召，积极参加当地农民协会。他们领到农会会员证后，努力学习，积极工作，受到了海丰农民的爱戴和拥护。五华工人古兆容、赖观善分别担任海丰沙浦乡农会会长、梅陇区工会会长。他们经常找五华挑盐农民谈心，宣传组织起来才有力量的道理，并将农运宣传资料带回五华。

1923年，五华青年魏宗元、万维新、张治平、彭惠民、缪冠如、缪育宏等人纷纷跑到海陆丰参观学习，聆听彭湃农运报告，了解海陆丰农民组织起来的情况。参观学习回来后，他们又认真宣传海陆丰农民运动。1923年12月，海陆丰农民运动领袖彭湃与林甦、李劳工等到五华宣传组织农民协会。在海陆丰农运的影响下，五华农民仿照海丰办法，在梅林、龙村、安流、鲤江等地农村自发组建村农民协会。正如古大存在后来回忆道："五华最初的农会是农民到海陆丰挑盐头挑回来的"。

1924 年 1 月，在中国共产党的推动下，国共两党实现了第一次合作。国民党中央在广州开办了农民运动讲习所，聘请毛泽东、周恩来、彭湃等人讲课。在彭湃等人介绍下，五华青年魏宗元、洪春荣、魏权、温家思、廖映球、廖复根等人参加了广州农讲所的学习。中共广东区委、团广东区委派出一批党员、团员以特派员身份深入到各县加强农民运动领导，省农民运动委员会派出农民运动特派员 21 人奔赴各县指导农民运动。

1925 年，经两次东征军在五华宣传鼓动，加速了五华农会建立。这样，五华农会建立条件已经成熟，时机已经到来，农民运动从乡到区到县逐步开展起来。

鳌背乡农民协会。1925 年 3 月，参加广州农讲所第三期学习的温家思在东征途中写信给家乡父老，要求家乡父老同心协力，迅速组织农民协会，迎接东征军的到来。登畲鳌背乡（今大梧）农民立即响应，报名参加农会，成立鳌背乡农民协会。农会拥有会员三四十人，会员一致推举温进池为会长，温妙良为副会长，温模初为秘书，温彬汉为农民自卫军队长。成立后，由秘书温模初执笔，写成书面报告，送省农民部审批。28 日，鳌背乡农民协会收到省农民部批示及颁发的"五华县鳌背乡农民协会"木质印章一枚，犁头红旗一面，金属奖牌一块。30 日，鳌背乡农会在该

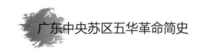

乡学校门前召开大会，隆重举行授旗授印仪式，第一面犁头红旗在五华上空高高飘扬。鳌背乡农会是五华县新民主主义革命时期第一个有组织、有领导的新型农民组织，它揭开了五华农民反帝反封建斗争的新一页。

五华县农民协会。1925年4月6日，广州农讲所第三期毕业生魏宗元等人回到五华，深入到五华南片一带农村，挨家挨户，串连发动，散发农运宣传手册，号召农民组织起来，先后建立了登畲、硝芳、梧溪、龙村、梅林等乡农会。5月下旬，宋青、魏宗元先后到了安流，住在"其昌兴"店里，筹备农会会员代表大会并挂上"五华县农会办事处"牌子。1925年夏初，中共五华小组创建。五华党组织从创建之日起，就把农运工作列入党的主要议事日程。5月28日，他们在安流东灵寺召开五华县第一次农会会员代表大会。大会由党小组负责人宋青主持。最后，由中共五华小组负责人宋青授牌，宣告五华县农民协会成立。

1925年7月，在县农会指导下，五华八区在龙村圩召开有5000人参加的农民武装大会，成立五华县第八区农民协会，会长魏质君。此时，中共广东区委又指派古大存以省农会特派员身份回到五华，加强对五华农民运动的领导。古大存不辞劳苦，马不停蹄携带农运宣传大纲、《犁头周报》、农运宣传标语和小册子等深入到五华上山十约（即五华南部的大都、横流、洑溪、南洞、周潭、洋坪、龙玉湖、梅林、磖砂、棉洋约）各家各户，与贫苦农民座谈，发动农民加入农会。经他一个多月的组织发动，很快建立了90多个乡农会和一批工会。随着乡农会不断扩展，农民入会人数愈来愈多。五华县农会执行委员分头下到第四、五、六、七区发动农民组织起来。在县农会指导下，先后建立了第四、五、六、七区农民协会。7月中旬，中共五华特支在安流东灵寺召开五华县第二次农会会员代表大会，改组五华县农民协会。改组后，县农会会长为魏宗元，副会长为古邹鲁，秘书为古淑琴。在五华地方党组织的领导下，五华农运迅猛发展，全县农会会员达41419人，人数排在全省各县的第四位。

1926年2月，中共五华特支在安流东灵寺召开第三次全县农民代表大会。特支书记宋青在会上作整顿农会的工作报告，经到会农民代表选举产生了新的县农会领导机构，宋青为会长，古大存为副会长（兼军事部长）。会后，各区、乡农会根据县农代会精神，进行了一次认真整顿学习，总结经验教训。通过学习、总结，各级农会健全了各种规章制度，增强了农会战斗力。与此同时，五华县农会在区下面设联乡办事处，在乡农会内部秘密成立"大同会"，作为农会的核心力量。

1926年4月，先后建立了第一、二、三区农民协会。为便于对全县农会的组织领导，五华县农协办公地点由安流迁至五华县城。5月1—15日，古大存、古云章、张治平、胡德隆等10位五华代表赴广州出席广东省第二届农民代表大会（简称省农代会）。会议结束后，代表们回到五华，积极介绍省农代会盛况，宣讲省农代会宣言，宣传农民运动在国民革命中之地位，废除地主对于农民苛例，取缔高利贷，废除苛捐杂税，工农大联合等21项决议，并颁发省农会制定的会员证及农会章程。广大农民大受振奋，

再次掀起了农民入会的高潮。至 1926 年 10 月底止，全县共建立 350 多个乡农会，15 个联乡办事处，8 个区农会，全县 90% 的农民都加入了农会。全县 30 多万人口，会员达 6 万余人，占全县总人口的五分之一。此时，全县到处犁旗飘扬，形成了如火如荼的农民运动局面。此时的五华，继海陆丰后成为东、梅两江地区农民运动的中心，也是粤东地区重要的农民运动策源地。

第五节　组建农军，转战南北

　　五华是梅州地区最早成立工农武装的县。1925 年夏，中共五华小组成立后，在领导农民运动中，十分注意引导农民群众强固自身的组织，坚持两手抓：一手抓农会发展，一手抓农民武装建设。中共五华特支成立后，就由特支委员古大存担任军事干事。古大存等党的领导人积极组织发动五华青壮年参加农民自卫军，开展军事训练，并将东征军奖给五华农会的枪弹、自己购置的枪弹及没收地主、国民党军长缪培南家共 300 多把枪支等武器收集起来，建立起五华县农民自卫军大队，由古大存兼任县农民自卫军大队长。五华党组织还招收全县各地 20 多名修造枪械工人，开设兵工厂，修造枪弹武装农军。各区、乡也相应建立起农民自卫军中队、小队，所有农会会员都是自卫军成员。县、区、乡农民自卫军的建立和发展，成为五华农民运动的保卫者和农民协会的坚强柱石。

　　五华大革命时期的人民地方武装主要有：

　　五华县农民自卫军。1925 年 3 月 30 日，在登畲鳌背乡成立乡农民自卫军，这是五华县第一支乡农民自卫军，队长温彬汉。7

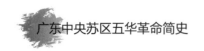

月成立第八区农民自卫军第一中队，队长温伴樵。同年10月成立县农民自卫军，总负责人为魏宗元、古大存。

五华县农民自卫常备大队。1926年10月成立，大队长曾伯钦，副大队长陈笑眉。下设3个中队，以古松柏、甘斗、彭镜生、古前、陈子文分任正副中队长，各区设常备中队，共2000多人。为训练农军骨干，同月成立农民自卫军模范队，由黄埔军校生李斌任队长，邓一、贺民教任教官。1927年5月，农军成立3个大队、9个中队，另编1个模范中队、1个模范区联队和1个教导队。旋即改编为广东工农讨逆军五华县大队，古定欧任大队长。不久，又改编为该军第七团队。6月，广东工农讨逆军五华县大队扩充为广东工农讨逆军第七团队，古大存兼任团长。

农军起初没有常备武装，只在抗租时集合，平时则各自在家干活。随着这些人民地方武装的组建，有力地支持了与地方反动势力的政治斗争和军事斗争，促进了五华农运斗争深入发展，开创了五华农运斗争的新局面。

五华农民武装组织参与的主要革命武装斗争有：

禁止米谷出境斗争。1926年4月，五华地主豪绅豢养的"资本团"乘春荒之机，策动地主、粮商囤积居奇、运粮出境，致使粮价成倍暴涨，企图制造粮食恐慌，破坏农民运动。县农会根据农民的意愿出布告禁止米谷出境，并派农军驻守粮船必经之路河口，经十多天时间就拦截粮船七八百艘。于是，地主、奸商请县长胡谆派兵押运外售，农军则集数百艘民船堵塞航道，不予放行，两军隔河对峙。

面对这种情况，中共五华特支决定一面由县农会报请东江农会办事处，请求禁止五华米谷出境；一面写信给驻军首领涂思宗，请求救民一命，禁止五华米谷出境。后经双方协商议定，除外县籍粮船180多艘准予放行外，凡本县籍船粮一半由农会没收，平价售给农民；一半由县政府平价后转售给农民；所得款项一部分供县政府作经费，一部分给涂思宗充作军饷。这次禁止米谷出境斗争的胜利，有力地打击地主阶级的嚣张气焰，推动了减租斗争顺利开展。

开展"二五减租"斗争。1926年2月，五华县农会在安流东灵寺召开的第三次全县农民代表大会，提出实行"二五减租"。同年夏季，五华农业遇灾减收，县内凡农会力量较强的地方普遍强烈要求实行"二五减租"，尤以安流、双华、大都、棉洋、梅林、周江、华阳、龙村一带等上山十约地区为最，"一切权力归农会"的威势震及全县。此举触及了地主阶级利益，引起各地地主豪绅反对。以张谷山为首组织的"资本团"，由李寿眉任团长，进行武装收租。农民则执行县农会减租的决定，因鲤江、双头、潭下等地出现砸烂地主大租斗和捆绑地主等事，引起武装冲突。不久，由"资本团"资助，成立五华县警基干队，抗击农会。国民党右派势力的支持助长了地主阶级的气焰，他们组织武装进犯农会，形成了地主武装收租和农民武装反收租的对抗局面。

1926年冬，省农会相继派出黄埔军校毕业生来县充任教官，培训农军军事人才和指导农军开展工作，有力支持农会和保证农民"二五减租"斗争运动深入开展。"二五减租"斗争的胜利，大

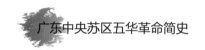
大提高了农会威信，鼓舞了农民斗志。如安流念目石农民胡日先不但带领全村农民办农会，实行"二五减租"，取消一切苛捐杂税，而且还动员其4名家人参加革命，甚至其13岁孙女胡木英也不甘落后，当上儿童团团长，率领儿童废神坛、倒神像，冲击几千年的封建迷信，为农民武装站岗放哨。胡日先全家原18口人，为革命牺牲了3人，至中华人民共和国成立后仅剩下4人。1925年5月，他不幸被捕，在敌人严刑拷打下，始终坚贞不屈，壮烈牺牲，时年60多岁。

扣押处决地反头子张谷山。1927年1月，五华县农会组织县、区、乡农民自卫军和县模范队1000多人，攻打反动"资本团"巢穴——潭下新圩。农军攻陷新圩后，张九华、张桂开又纠集地反武装800多人，分两路"进剿"农军指挥部——潭下百安乡。在五华农军多次英勇反击下，张九华、张任才统率败残之部龟缩于双头石碣围村。五华农军常备大队三四百人，乘胜追赶，将敌围困在石碣围道安楼里。农军采用车轮战术，对敌开展政治攻势，经十多天围困，敌兵士气低落，缺粮断水日趋严重，敌首便率残部乘春节期间星夜开门潜逃，农军乘势追击，大获全胜，毙敌二三十人，缴获步枪20多支。农军与地反武装在双头、石碣围、光华村、潭下等地拉锯战相持4个月之久。为巩固国共两党合作的统一战线，减少损失，安抚受摧残群众，中共五华特支研究决定派人跟国民党右派县长胡谆和"资本团"、五华县警基干队的幕后策划者张谷山谈判。

1927年2月，古大存以国民党五华县党部名义，将国民党右派县长胡谆、"土皇帝"张谷山请到县城天后街晏赖庙会开会谈判。会上，古大存理直气壮，历诉张九华率领的五华县警基干队在五华犯下的滔天罪行。古大存指出这支队伍原属陈炯明在大田留下的军阀武装，应依法予以取缔，受摧残的群众应由县府和"资本团"给予救济抚恤。国民党右派县长胡谆听到古大存的理论，也摆出县太爷的架势，指责五华县农会多次挑起事端，是违法越权行为。张谷山在反动县长怂恿支持下，更加盛气凌人，诬说"五华农会目无法纪，到处扰乱治安"，恶毒攻击五华县农会。面对"土皇帝"的嚣张气焰，古大存立即命令李斌等4人将张谷山扣押，解往潭下百安监禁。

张谷山被县农军扣押后，五华"资本团"商议以宗族关系，用重金收买策略，分化瓦解中共五华地方组织。中共五华特支委员、县农会职员张冠球，中共安流支分部书记、区农会长张访箕，罗经坝乡农会长、共产党员张彩文，在"资本团"的6000元白银重金收买利诱下叛变投敌。他们打着"救张谷山就是救张族"的口号，煽动罗经坝乡民向农会进攻，致使罗经坝附近的6个乡农会受到摧残。

张冠球等人不但勒迫这些乡民加入其"新农会"，还秘密布置流氓惯匪张亚有统率16个亡命之徒，扬言"支援农军"，从安流乘船奔向百安前线。由于张亚有一伙企图营救张谷山的阴谋行径为县农会所掌握，古大存即派李斌率农军小队，以将计就计的策略，佯作到转水潭公庙河边欢迎他们，将其截获、缴械、扣留。在审讯中，张亚有等人在人证物证面前，对犯罪事实供认不讳，

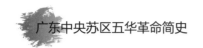

最终张亚有一伙被全部处决。张亚有营救张谷山的阴谋败露后，张冠球暴跳如雷，亲率叛徒武装 600 多人开赴大田，图谋会合张九华部与农军决一死战。古大存即带领农军将敌截击于途中，敌受农军突袭，惊慌失措，拼命逃窜。此役俘敌百余人，缴枪 200 余支，子弹几千发。张冠球见势不妙，仓皇率 300 残兵逃回罗经坝。四一二反革命政变发生后，国民党右派政府派遣宋世科团疯狂"进剿"五华。在恶劣的政治环境下，中共五华特支根据广大人民的要求，将罪大恶极的"土皇帝"张谷山处决，为民除了大害，五华人民拍手称快。

第六节　反击国民党右派的斗争

1927 年，四一二反革命政变后，国民党反动派大肆搜捕和屠杀共产党人及革命群众。在白色恐怖下，五华的政治形势日趋严重，中共五华特支领导的农民运动成为国民党右派政府眼中钉、肉中刺。面对险恶的政治环境，五华工农革命群众在古大存等人的带领下，开展了一系列的革命斗争，有力反击了国民党右派的进攻。

横陂解围战。1927 年 4 月 15 日，驻广州的李济深、薛岳在广州叛变革命。就在四一五反革命政变的当天，驻五华国民党军宋世科团和五华县警基干队 1000 多人突袭横陂圩，围攻正在"益和当"参加全县农民代表大会的五华县农会领导人及与会代表。危急当前，古大存一面率农军模范队奋起抵抗，一面派人突围送信求援。附近各乡万余农军和群众闻讯后纷纷拿起武器，举旗打鼓，前来救援。在声势浩大的呐喊声中，反动武装见势不妙，慌忙撤退，农军乘势追击，奋力拼杀。此役打死打伤敌人十多名，俘获 2 人，缴获战利品一批，五华农军战士牺牲 4 人。横陂解围战的胜利，揭开了中共五华地方组织领导农民武装，反抗国民党

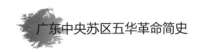

反动派斗争的序幕。

反击国民党右派的"扫荡"。突袭横陂失败后，国民党右派即派国民党军到五华"扫荡"。五华"资本团"在国民党右派政府的纵容支持下，气焰更加嚣张。张九华等人统率地反武装疯狂向农会进攻，大肆实施"三光"政策，奸淫掳掠，无恶不作。仅一个多月，被烧杀抢掠的乡村 200 多个，被蹂躏人口达十多万人。1927 年 5 月，损兵折将的国民党宋世科团卷土重来，尾随五华农军常备大队进驻安流，会同张九华统率地反武装 1000 多人，四处寻找五华农军常备大队决战。为避敌之锐气，古大存指挥农军撤至龙村、梅林山区，以小分队与敌周旋。由于敌军到处扑空，恼羞成怒，便将农运领导人古大存家乡优行村包围起来。敌军窜进村子后，不但把农会干部和同情农会的农民抓起来吊打勒索，格杀勿论，杀死近 100 人，而且放火烧毁民房 551 间，仅古大存故居就被焚烧 3 次，使优行村人民无家可归，流落他乡。

在五华革命斗争的严峻形势下，宋青、魏公杰等人对革命失去信心，遂施行裁减农会武装的退让政策，结果仅留一个小队武装。中共五华地方组织为挽救五华时局，在梅林庵子塘召开战地会议，古大存等人采取果断措施，分头下乡，宣传发动群众，恢复武装。在中共广东区委派出的黄埔军校生曾天节、古日晖、廖瑞平、李柏存、甘志英、郑宏模、张春华、刘曲平等人的帮助下，梅林、龙村农民自卫军骨干集中于梅林梅冈寺整训，由教导队队长古怀负责训练农军骨干。

配合惠潮梅农工救党军攻陷安流。1927 年 5 月，吴振民、杨石魂率惠潮梅农工救党军1000多人北上武汉，途经五华。古大存即带队与之配合，兵分三路夜袭安流驻敌——宋世科团及张九华统率的地反武装。经过一夜激烈的街巷争夺战，大获全胜，歼敌500余人，缴获枪弹一大批。惠潮梅农工救党军攻陷安流后，在安流圩各街道散发革命传单，召开庆祝捷报大会，大造革命舆论，号召五华人民团结起来，打倒蒋介石。当即群情振奋，勇气倍增。各乡青壮年纷纷报名参加农民自卫军常备大队，农民武装力量比四一二反革命政变前增强了3倍，并在安流建立五华县革命委员会，主席李国光；广东省肃清反革命委员会五华分会，分会会长李国光。中共五华特支筹集1万多元给惠潮梅农工救党军，作为北上费用。五华县革命委员会成立后，将五华农民自卫军常备大队改编为广东工农讨逆军五华县大队，大队长古定欧。各区乡农民自卫军改称为赤卫队。6月，广东工农讨逆军五华县大队扩充为广东工农讨逆军第七团队，古大存兼任团队长，全团2000多人，拥有枪支600多支。五华县革命委员会另组织一支五华县赤卫模范队，队长古定欧。这样五华初步形成了正规军和赤卫队相结合的人民武装体制，使五华农民运动有了坚强的支柱。

成立五华救党分会开展地下斗争。1927年5月，以叛变后的蒋介石为首的南京国民党政府密令"清党"。6月，五华国民党右派到处造谣中伤，诬说原国共合作的国民党五华县党部是"赤匪"，大肆攻击原县党部纵容包庇农民造反，要进行改组。他们秘密成立以魏冠怀、张访箕、张冠球等人为首的五华清党委员会，印发国民党中央制定的"清党六条原则"及清党宣传大纲，发至

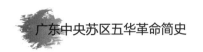

全县，大造反动舆论。同月，五华国民党右派主持，在华城召开五华县党部第四次代表大会，致使国民党右派分子纷纷进入国民党五华县党部，将原县党部执行委员中6名共产党员全部排挤出去，改由魏冠怀任国民党五华县党部执行委员会常务委员。此后，五华国民党右派不断派出军警包围中共五华地方组织和农会所在地，到处搜捕共产党人和革命同志，疯狂屠杀共产党员、农会干部、农民武装领导人、战士及革命群众，企图把中国共产党领导的农民运动镇压下去。据不完全统计，全县被捕杀害的烈士达103人，革命群众数百人。7月15日，以汪精卫为首的武汉国民政府公开背叛革命，五华的反动"资本团""新农会"及其豢养的五华县警基干队更加猖獗，疯狂围攻工农讨逆军、赤卫队，全县革命形势十分险恶。

五华党组织接连受到破坏，党领导的五华"大同会"被迫解散。尽管革命遭受严重挫折，但是中共五华特支并不气馁，重新分析斗争形势，成立了五华县护党救国分会（简称五华救党分会），制定五华救党组织大纲，推举共产党员卢觉民、张国英为分会正副会长，全县会员达五六百人；还在各区设立救党支会，设支会正副会长各1人。从此，五华救党分会成为中共五华地方组织的外围组织。五华救党分会在中共五华特支直接领导下，与反动的孙文主义学会及国民党县政府当局展开了针锋相对的斗争。

第二章
建立红色政权，融入中央苏区

第一节　成立中共五华县委，
　　　迎接南昌起义大军

1927年8月1日，南昌起义爆发，打响了武装反抗国民党反动派的第一枪，开创了中国共产党独立领导革命武装斗争的新时期。8月3—5日，起义军辖下的第九军、十一军、二十军先后撤离南昌南下广东。中共中央即"决定粤省委即刻以全力在东江接应"。根据中央的指示，中共广东省委不失时机地做好策应工作。为加强党对土地革命的领导和做好策应南昌起义军南下广东的工作，中共东江特委指派刘琴西到五华，改组中共五华特别支部。在梅林琴口村庵子塘成立中国共产党五华县委员会（代号伍宪威）。书记为曾勖，卢觉民负责组织、李国光负责宣传（未到职，由古云章担任）、古大存负责军事。委员有宋青、李斌、魏挺群、古云章、刘志英、古日晖、廖厚岳、陈笑眉、张国英等。中共五华县委的成立，标志着中国共产党组织在五华进入新的发展时期。

1927年9月中旬，南昌起义军进军东江的消息传到五华后，中共五华县委做出了策应南昌起义军作战的决定：发动和组织2000名以上农民武装力量策应起义大军作战；指派曾勖、魏英2

人前往汕头与起义大军取得联系；将五华的工农讨逆军、农民武装集中于安流、双华一带，归古大存统一指挥。为迎接南昌起义大军到来，9月21日天未亮，古大存指挥农民武装1000多人，乘南昌起义军声威，分三路围歼罗经坝叛徒武装，叛徒张冠球、张彩文等人率领其部属在棉洋天柱山据险固守，双方激战一天。至黄昏，古大存见一时难于取胜，为保存实力，率部主动撤回安流驻地。9月底，古大存率五华工农革命军200余人，到猴子崆配合南昌起义大军作战。

中共五华县委成立后，县委领导认真分析了全县的局势，作出了大力发展党团组织、举行武装暴动、扩大党的政治影响的决定。为落实好决定，中共五华县委实行委员分片包干责任制，将五华划为南、北两片，古大存、宋青、古云章负责五华南片工作；曾勋、卢觉民、魏挺群、廖厚岳、刘志英负责五华北片工作。县委委员分头下到各片，以点带面，努力建设适应白色恐怖斗争、坚固且能战斗的党的基层组织，壮大党的队伍。经过3个月艰苦努力，五华党员发展到200多人，并先后组建中共五华县第四、六、七、八区委员会。至1928年1月，全县党员发展到1209人。中共五华县委根据上级指示精神，将广东工农讨逆军第七团队改称为广东工农革命军东路第七团，团长古大存。全团200多人，拥有各种枪支600支，废除了青天白日旗，改用红旗，以斧镰为标志。

1927年11月，曾勋调离五华，中共五华县委改组。改组后，县委书记为古大存，组织李英，宣传廖厚岳，军事古宜权，财经

古清海，委员有宋青、李斌、陈庆孙。此后，中共东江特委派林定任中共五华县委书记。不久，林定调离，由宋青接任中共五华县委书记。县委部署各级党组织努力争取群众，团结积聚革命力量，做好武装暴动的准备工作；公开向全县人民提出"打倒国民党政府""打杀地主豪绅""不交租、不纳税"的战斗口号；号召全县人民不分房姓界、不计旧恨和新仇，凡是被压迫的工农群众，都要团结起来，集中被压迫的力量，与反动派进行针锋相对的斗争，实行不交租、不纳税、不还债。

第二节　此起彼伏的工农武装暴动

1927年8月初，根据党中央指示精神，中共广东省委制订"广东省暴动计划"，成立潮梅暴动委员会。为策应南昌起义军入梅，中共东江特委向各县发出了"发展暴动的计划"通知。中共五华县委根据上级党组织武装暴动指示精神，整顿改组五华县革命委员会，任命古大存为革命委员会主席，一切暴动武装由五华县革命委员会统一指挥；并将共产党员古宜权、李英、李斌、古定欧等人安排到武装斗争第一线，组织和领导武装暴动；指派刚回县的黄埔军校学生古日晖等人下到各区、乡，协助区、乡农会训练农军，提高农军战斗力；并在双华竹山开设2间兵器修造厂，招收30名修造枪工人修造枪支弹药。在五华县革命委员会的领导下，五华武装暴动燃遍全县每个角落，东部有罗经坝攻坚战，西部有周江崀头、龙村坪营阻击战，南有塘湖决死战，北有横陂华阁、西门围歼战，中有安流对镜窝闪电战。暴动的枪声，彼伏此起，连绵不断。此时，五华境内的主要武装暴动有：

对镜窝闪电战。李寿眉是前清秀才，安流对镜窝人。他是五华上山地区的大地主。1926年，由于他在反对"二五减租"中充

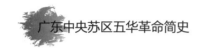

当了地主豪绅的急先锋、马前卒，被五华"土皇帝"张谷山看中，推荐他为五华"资本团"团长。张谷山被县农军处决后，县长胡谆指令李寿眉在安流对镜窝集结地反武装，垒筑巢穴，与工农武装对抗。1927年9月，中共五华县委召开会议，分析认为五华要实行土地革命，首先必须把李寿眉这枚钉子拔掉，决定由古大存率部突袭安流对镜窝长寿楼，活捉李寿眉。1927年9月14日深夜，古大存率部600多人突袭，生擒李寿眉，押回安流三江书院接受革命军总部的审查。第二天，李寿眉被革命军擒获的消息传出后，全县地主豪绅惊慌失措。"资本团"的其他头头也四处活动，利用古大存与李寿眉姻亲关系，跪请古大存母亲出面说情，说愿出三箩光洋，赎回李一命。古大存顶住重重压力，坚决处决李寿眉，在三江书院门前的大沙坝里召开宣判大会，将其押赴刑场执行枪决。16日，县委在三江书院门前的大沙坝上召开宣判大会，将李寿眉公审后执行枪决，为五华人民除去一大害，给地主豪绅以狠狠打击。

塘湖歼敌战。1928年1月20日，顽固的塘湖官僚地主钟问陶、华阳地主邹火秀、太坪地主甘秀峰等组织"讨赤团"，勾结陆丰上砂地主庄照楼统率地反武装300人，在塘湖四周垒炮楼，设木栏竹栅，并给县农会下战书。古大存接阅后，在龙村马上连夜召集军事干部开会。会议研究决定集中工农革命军和各区、乡赤卫队2000多人，兵分三路进攻钟问陶老巢塘湖。25日，老奸巨猾的钟问陶乘古大存尚未做好战斗准备，各区、乡赤卫队未集中、集齐之机，指挥其三路兵马，提前向工农革命军总部所在地龙村圩发动进攻。李斌即率革命军迎击敌人，交战只一回合，便将钟问陶统率的"讨赤团"击退。钟问陶带领残部败退回塘湖。李斌率部乘胜追击，至塘湖附近，会合北路的古宜权、曾伯钦部，东路的古大存、古公鲁部，三路兵马齐向塘湖发起总攻。经三天激战，摧毁了敌5座碉堡，攻克了塘湖村。官僚地主钟问陶见大势已去，无法挽救败局，便率残部乘黑夜向陆丰上砂逃窜。这次决战，打死打伤敌人30多人、俘敌100多人，缴获长短枪1000多支、土炮1门，弹药一大批。战斗结束后，还没收了官僚地主钟问陶的家产，分配给贫苦农民。

全县其他各地的工农武装暴动还有：

1928年1月至2月3日，古大存、曾伯钦带领县工农革命军200多人，会同周潭老八乡、中田、文兴等乡赤卫队，攻陷了地反李霭堂巢穴和中田"广华楼"反动巢穴，并处决了地反头子曾吉孙、张亚济等人，有力打击了当地地反的嚣张气焰。

1928年2月6日，根据横陂乡民的控诉，古大存、魏远明率农民武装1000多人，突袭横陂封建堡垒——华阁、西门。据了解，当地地反魏汉周、魏灼寰等人，在横陂华阁、西门设民团，据守琴江两岸，设卡劫勒民船，横行乡里，鱼肉人民，附近乡民怨声载道，当地人称之为典型的封建堡垒。经2小时激战，眼见民团力量不支、封建堡垒即将攻陷之时，水寨李瑞屏地反武装赶来援救。为保存实力，古大存率部撤回安流。

中共五华县委领导下的武装暴动的枪声，在五华大地上彼伏此起，连绵不断，吓得五华地主豪绅丧魂落魄，拼命逃往外乡，

昔日骄横跋扈的地主老财变成"难民团"。全县武装暴动范围广、声势大。国民党五华县政府大为震惊，急电国民党广东省政府，要求省政府速派军镇压[①]。

为镇压五华武装暴动，国民党政府先后调动国民党军钱大钧、徐景棠、蔡廷锴部共万余人，从四面八方"进剿"五华。历经血与火考验的五华人民，毫不畏怯，反而更加团结，奋起杀敌。如国民党军徐景棠部，接连 3 次"进剿"五华革命据点——虎石。英雄的虎石人民发扬与敌血战到底的气概，配合广东工农革命军东路第七团武装，将前来"进剿"的敌军攻击得焦头烂额、溃不成军，计击毙敌连长 2 人，敌兵 30 人，缴获枪支 27 支，子弹 2800 多发。国民党军"进剿"五华不但未能得逞，而且损兵折将，在五华暴动武装痛击下，只得灰溜溜撤出五华。五华工农群众的武装暴动，不但打击了地主豪绅嚣张气焰，而且消灭和牵制了国民党军队大批有生力量，有力地策应了南昌起义大军的南下。

---

① 中共五华县委党史研究室编：《中国共产党五华县地方史》（第一卷），内部资料，1997 年 5 月，第 47 页。

第三节　丁卯年关大暴动震动粤东

　　1927 年 10 月 15 日，中共南方局和广东省委在香港召开联席会议通过《最近工作纲领》，决定继续领导暴动，建立工农革命军，推动土地革命，建立苏维埃政权。12 月 11 日，中共广东省委组织发动广州起义。12 月 22 日，中共广东省委致信中共东江特委，要求发动东江暴动，并决定红二师向紫金、五华方面发展暴动，指示东江农代会应做好年关大暴动的工作部署。12 月 23 日，中共东江特委向东江各县发出号召各地举行年关大暴动紧急通告。此时，参加广州起义的五华籍黄埔军校生魏远明、戴凤林、邱汉雄、魏大杰、魏如璧、魏大伟、魏中天、魏鉴贤、魏权、魏蓬洲等人陆续回到五华，这为中共五华县委发动工农群众参加年关大暴动增加了一支生力军，他们积极协助中共五华县委做好年关大暴动宣传发动工作。

　　中共五华县委根据中共东江特委紧急通告精神，在梅林召开县委会议，分析五华敌我形势，做出 3 条决定：第一，成立年关大暴动指挥部，推举古公鲁为年关大暴动行动委员会总指挥。第二，县委印发标语、传单、宣传小册子发至全县各乡村。县委委员应在各自岗位责任范围内，认真做好宣传发动工作。第三，派3名代表出席东江农民代表大会，听取中共东江特委对年关暴动部署及计划。会后，县委委员各自下到自己的责任区，召开各区委、支部联席会议，传达贯彻县委会议精神，动员每个党团员深入群众做好年关大暴动的宣传鼓动工作。

经中共五华各级地方组织广泛发动群众，精心组织领导，1928年1月22日开始（此时仍是农历丁卯年的年关），先后有安流、龙村、水寨、郭田、横陂、黄坑、周江等地举行了约10万农民参加的声势浩大的"丁卯年关大暴动"。各区乡赤卫队在工农革命军的配合下，纷纷拿起粉枪、刀矛、剑戟，攻打国民党区、乡公所及地主豪绅老巢，捉拿处决罪大恶极的地主豪绅张玉波等，并没收其财产，分配给贫苦农民。其余的国民党官员、地主豪绅、土痞恶霸，见农民蜂拥而来，杀声震天，纷纷抱头鼠窜，昔日盛气凌人、为非作歹的反动派威风扫地。

在打击反动势力的同时，县委广泛发动群众，清除封建迷信活动；发动妇女自己解放自己，反对买卖婚姻，提倡婚姻自主，剪去辫髻，自强自立；严禁吸食鸦片、嫖娼、赌博；铲除封建房姓界，主张天下农民一家亲。经过年关大暴动斗争锻炼的五华人民，思想解放，面貌焕然一新，五华大地处处呈现热气腾腾的革命新气象。轰轰烈烈的"丁卯年关大暴动"，推动了五华党组织和苏维埃政权的发展。此时，全县有5个区、20个乡建立了苏维埃政权，烧毁田契，废除苛税，开展抗租减租斗争。声势浩大的五华"丁卯年关大暴动"冲击了五华几千年根深蒂固的封建势力。

第四节　反击国民党军"驻剿"

由中共五华组织发动约 10 万工农革命群众参加的"丁卯年关大暴动",威震了国民党广东反动当局。五华当地封建地主惊恐万分,逃至外乡的五华地主豪绅"难民团"纷纷致电、致信国民党广东右派政府,请速派国军镇压"以安五华社稷"。1928 年 2 月,两广军阀张发奎、李济深混战结束,广西军阀李济深集中兵力,向广东红色区域发起了疯狂"进剿"。国民党第五军副军长黄旭初提出"宁愿错杀三千,不可放走一人"的反动口号,勾结五华地主豪绅张敬文、钟问陶、魏杰民、张访箕、李瑞屏等人,成立"五华县剿共委员会"和"灭古(消灭以古大存为代表的古姓革命群众)委员会",妄图彻底消灭共产党和革命力量。2 月 17 日,黄旭初率领韦松云师,配合五华地反武装进抵横陂,即兵分三路,向安流、梅林进发。右翼从小都、周江绕道包抄安流,左翼从大都、经洑溪出击安流,中路沿琴江直插安流、梅林等革命根据地。在国民党重兵压境的严重关头,古大存召开紧急军事会议,分析急速变化的形势和研究对策。会议决定采取先发制人的策略,打击入侵之敌。

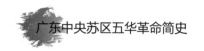
安流反击战。1928年2月20日，沿途各区乡赤卫队奋起阻击，周旋3天，因兵力悬殊，安流圩被敌人所占。古大存亲率工农革命军、区乡赤卫队800多人，乘黄旭初部立足未稳之机，迅速抢占安流附近杓麻峰、燕子岩等高山，居高临下，将敌团团围住。古大存等人指挥革命军和赤卫队，兵分三路反击安流，向敌军发起总攻。战役从上午10时鏖战至下午3时，革命军战士个个奋勇杀敌，打得敌人鬼哭狼嚎，拼命逃窜，先后夺回了被敌军占据的三江书院、东灵寺、大河背等地。在革命军、赤卫队英勇冲击下，敌军死伤惨重，敌人哭喊着缴枪投降。正在这时，国民党军从兴宁派来一营援兵和五华张冠球统率的地反武装赶到，古大存审时度势，率部转移至梅林、龙村一带山区游击。

溪口布反击战。1928年2月20日，黄旭初部黄敏、徐启明2个团1000多人听到县农会领导人宋青、古大存等在周江溪口布村的消息时，配合蓝坑郑宏石等地主武装共3000多人团团包围该村。中田、老八两乡苏维埃政府得悉情况后，立即组织了赤卫队和群众三四百人武装，由中田乡苏维埃政府主席曾伯宏率领，前往援救。一开战，梅林乡赤卫队员、溪口村人胡辉三见徐启明团韦连长等骑着高头大马，耀武扬威过来，便举起火粉铳瞄准，枪响人倒，韦连长当场击毙。站在山头指挥的敌团长徐启明见状，暴跳如雷，即令喽啰们向村里冲击，敌机枪、火炮同时开放，酣战无停，敌人的13担子弹基本上打光了，只剩下1担子弹。最后，赤卫队架设在村前的一门大广铳（土炮）打坏了，终因敌我力量悬殊，赤卫队只好往村里撤退，敌军将村子包围。农军赤卫队坚持英勇反击，打得敌人鬼哭狼嚎，血战 1 天，毙敌 70 多人，伤敌 45 人。这次战役为五华赤卫队创下了用土枪土炮击败手持洋枪洋炮敌军的战斗奇迹。被敌人包围后的赤卫队乘天黑发起突围，杀开一条血路，冲出敌人重围。在突围战中，全村有 36 名赤卫队员为革命壮烈牺牲。

敌军重占安流后，在国民党军队的支持下，五华地主豪绅乘机反攻倒算，勒逼群众退出农会，否则格杀勿论。黄旭初部进入革命村庄，更是见人就杀、见房就烧、见物就抢，弄得许多村庄鸡犬无声，烟火断绝。据有关史料记载：全县被洗劫的村寨达 200 多个，其中石碣围、念目石、寸金窝、梧溪林屋、虎石沸水塘、潮塘、郭田陶屋、赤坎田背塘、莲塘尾、锡坑河东田、西坑里等 14 个村寨被夷为平地，片瓦不留；全县被烧毁房屋 6699 间。有 2000 多名共产党员、革命群众死于敌人屠刀之下，五华琴江成为红水河。耕牛、财产损失无法统计。敌人残杀革命群众手段残忍，实属罕见。

面对穷凶极恶的敌人，中共五华县委在梅林召开战地会议，分析敌我态势，做出扩充武装，开展游击战争的决定，派遣古大存率领一批同志分赴各乡发展武装力量。在这危难时刻，接任五华县委书记的宋青，乘古大存等人下乡之机，将五华武装队伍集中在华阳就地解散，连夜携款潜逃至香港隐藏。党内叛徒魏公杰也乘机叛变投敌，组织五华警卫团，大肆向五华苏区"进剿"。反动武装每攻占一乡，就推行保甲制度，设立"治安委员会"，建立反动警卫队，致使五华大片红色区域被敌人占领，革命力量元气

大伤。中共五华组织被迫转入秘密活动。

在革命受挫时刻，中共广东省委致信中共五华县委"要认清形势，树立信心"，鼓励五华人民将土地革命进行到底。古大存根据省委指示精神，联络到30多名革命精英，重新组建一个中队武装，上山开展游击战争，与敌周旋了3个月，弄得敌人叫苦连天，束手无策。连当时国民党副军长黄旭初打电报给黄绍竑时，也不得不承认，五华民众对烧田契、烧租簿、掘田界、分田地、不交租、不纳税、不还债信仰甚深，对此，他根本没有办法解决。

在黄旭初部疯狂"驻剿"期间，五华优秀共产党员古云章、魏远明、魏嫲等人惨遭杀害，大批共产党员和革命人士被捕入狱。如五华杜坑、寸金窝妇女会会长魏嫲，在侦察敌情时，不幸被捕，敌军用坐钉凳等毒辣手段威逼怀孕的魏嫲投降。她始终大义凛然，坚贞不屈，英勇就义，时年25岁。魏远明是黄埔军校生，毕业后，参加了北伐战争。1927年参加广州起义失败后，他回到家乡五华，参加土地革命，任五华横陂区苏维埃政府主席。他积极组织发动横陂农民举行"丁卯年关大暴动"，和古大存带领省、区赤卫模范队攻打横陂封建堡垒——华阁、西门。1928年4月，他在牛汶溪不幸被捕，被押解至家乡夏阜中学操场。面对敌人的屠刀，他毫无惧色，昂首挺胸，从容就义，牺牲时年仅28岁。

第五节　开创八乡山革命根据地

在土地革命战争时期，八乡山属五华县第九区苏维埃政府，位于五华与丰顺、揭阳（今揭西）交界处，总面积130多平方公里。由于下辖小溪、贵人、大竹园、滩良、尖山、龙岭、高车、蟾蜍田8个小乡，故人们称之为八乡山。八乡山山高林密、溪水纵横、道路崎岖、关隘险要、易守难攻，是开展游击战争的好地方。八乡山的农民深受地主豪绅重租重利的盘剥，生活极端贫苦，阶级矛盾十分尖锐。在大革命时期，就建立了农民协会和农民自卫军，开展了"二五减租"斗争。四一五反革命政变后，八乡山曾发动过多次武装暴动，有较好的群众基础。

1928年4月下旬，古大存与不愿遣散的30多名革命骨干召开会议，共同分析了当时五华的革命斗争形势。自国民党军黄旭初部"驻剿"五华以来，不但党组织和革命团体遭到严重的摧残破坏，逃亡的地主、土豪劣绅也纷纷回到五华，进行反革命报复，大肆屠杀共产党人和革命群众。面对敌人血腥屠杀，只有到敌人力量比较薄弱的边境山区，开辟新的革命根据地，才能重整旗鼓，把革命进行到底。在古大存宣传带动下，60多名革命分子（其中共产党员 30 名）奔赴八乡山。在极其艰难困苦的环境中，为开辟五华边界山区的农村革命根据地进行了一系列的艰巨工作。

1. 恢复和发展党组织，组建贫农自救会。古大存率队上八乡山后，便把古宜权、古清海、李斌、古公鲁、陈庆孙等 30 名共产党员组织起来，成立中共五华县支部，古大存被选为支部书记，领导八乡山革命根据地的创建工作。党支部把党员分散到八乡山各村寨调查了解原党团组织情况，做深入细致的宣传教育工作。经过 2 个月的培养发展，吸收了八乡山一批忠实勇敢的工农分子入党入团，恢复了八乡山一批党团基层组织。至 1928 年 8 月，成立了古大存、李英为书记的中共五华临时县委（又称大支部，简称中共五华临委）和共青团临时县委。8 月 8 日，中共五华临委在八乡马屋山召开了临委扩大会议。古大存代表县委在会上作政治报告。会议作出改组县委、整理党务、建立各种群团组织等决议。会议确定中共五华临委机关设在八乡马屋山，代号为"黄济时"，指定古日晖、李英、张学龄 3 人为共青团五华县委常委。临委扩大会议后，中共五华临委一面继续在八乡山广泛发动群众，巩固发展党团组织；一面派出党的精英古宜权、李英、万大来、古日晖、古公鲁、胡国枢、卢觉民、刘伯青、古江等人组成赤卫便衣队，潜回中共五华县第五、六、七、八区委，了解敌情，调查党团员在白色恐怖中的表现及群众受害情况。赤卫便衣队下到各区后，根据广大群众要求，惩办了一批反动首恶邹火秀、甘伯安、张督先、胡质文、杨其山、张广兴等人，为恢复党团组织扫清了障碍。赤卫便衣队惩办敌顽的革命活动，使敌人惶恐不安，给五华人民以很大鼓舞。

9月25日，县临委常委古日晖在转水圩窝里活动时，被叛徒告密，遭到五华县警基干队100多人前来围捕，共产党员和革命骨干古日晖、钟维元、曾祥耀、曾省吾、曾兰昌、曾胜昌、廖荣春、廖驾欧、廖森成等21人不幸被捕，惨遭杀害。国民党五华反动政府制造的"七曾十一廖一何一古一钟"骇人听闻的惨杀案，并没有吓倒五华共产党人，更激起了他们对国民党反动政府仇恨。经五华县共产党人深入发动，先后恢复了第四、六、七、八区党团组织，工作进展很快，成绩显著。中共东江特委给省委的报告（第4号）谈到五华工作时指出："现在东江各县工作中，恢复得最快、最普遍的要算五华了。五华工作自去（年）失败后，整个工作已完全塌台。最近数月来，经过刻苦之奋斗，全县工作已普遍发展及恢复起来——尤其是中心区域的工作。同志人数（大、中在内）已达500至1000人之多（其中共产党员600人左右）……东委认为五华仍是暴动的先进区域，东委对他们的希望是很大的。"

古大存等人上到八乡山后，以打石、做长工、烧炭等职业为掩护，深入到八乡各村寨调查研究。经一段时间调查，对八乡农民思想状况做了具体分析，决定以八乡苦竹溜为立足点，组建贫农自救会。他们白天做工，晚上点起竹楻火，携带各种宣传品，爬山越岭，走村串户，深入到贫苦农民家里做宣传发动工作。经过两三个月串联发动，马屋山、雷公墩等村30多名贫苦农民，在苦竹溜烧炭寮里，以歃血为盟的方式，成立了八乡山第一个贫农

自救会，选举马运为贫农自救会组长。然后扩大到全县各个乡村，广大的贫苦农民踊跃加入贫农自救会。据当时《中共东江特委给广东省委的报告》述：五华贫农自救会已有4000人。随着贫农自救会迅猛发展，中共五华组织在八乡山大竹园召开农民代表大会，成立了五华县第九区农民协会。

2. 成立"五县暴动委员会"和"中国共产党七县联合委员会"。1928年5月，古大存和李斌等与丰顺农会的几位干部进入九龙嶂，发动群众，公开以武装队伍行动，打击敌人、筹粮筹款。7月间，他们与在九龙嶂坚持斗争的原广东工农革命军东路第十团（简称第十团）团长郑兴取得联系。九龙嶂是丰顺、梅县交界的大山，海拔1200多米。它的东北有铜鼓嶂，西南与八乡山主峰鸿图嶂之间有绵延的山岗相接。郑兴等带着第十团十多名战士在这里活动。他们在实践中认识到过去"注意军事行动，而不注意发动工农群众"的错误，曾派人到八乡山联系。接着，陆续到九龙嶂的有中共丰顺县委书记黎凤翔，中共兴宁县委委员、第十二团团长刘光夏，中共大埔县委委员张家骥（一说罗欣然）。他们开会研究决定成立五华、丰顺、梅县、兴宁、大埔"五县暴动委员会"，大会推选古大存为暴动委员会主席，黎凤翔负责组织，郑兴负责宣传，郑兴、黎凤翔、刘光夏、张家骥（一说罗欣然）4人为委员。暴动委员会下设军事委员会，由古大存和李斌、刘光夏负责，古大存任军委书记。会议决定积极开展武装斗争，扩大九龙嶂、铜鼓嶂、明山嶂、八乡山根据地。为了扩大政治影响，在群众中公开树起革命的旗帜，会议决定于1928年8月举行畲坑暴动。为此，派刘光夏和第十团中队长邓子龙等化装潜入畲坑圩，侦察敌人的布防和军情；从八乡山调遣李斌、古宜权带领广东工农革命军东路第七团和第十团部分战士30多人，与农民密切配合，组成暴动主力突击队参加战斗；提出"没收土豪劣绅财产分给贫苦农民"的口号，广泛发动周围农民参加暴动，组成了有数千名农民参加的没收队配合暴动。暴动开始后，工农革命突击队和农民武装即冲进畲坑圩，消灭两处驻敌100多人。另两处敌人闻讯来援救，包围突击队。古大存、刘光夏等带领没收队700多人反包围。敌军误认为是工农革命军赶到，慌忙撤围上山。突击队乘机从旁反击，击溃敌人300余人，缴枪20多支和大批物资。

畲坑暴动后不久，中共揭阳县委负责人卢笃茂、中共潮安县委负责人张义廉也到了九龙嶂。经过兴宁、五华、丰顺、梅县、大埔、揭阳、潮安七县县委负责人协商，决定在"五县暴动委员会"的基础上，成立"中国共产党七县联合委员会"（以下简称七县联委），由七县县委负责人组成，推选古大存担任七县联委书记。在七县联委的统一领导下，结束了1928年年初以来各地党组织与上级联系中断、分散斗争的状况。七县联委成立后，为了扩大胜利，领导成员分赴各地开展工作。古大存率领武装主力回八乡山，继续进行恢复和发展共产党组织，发动农民开展武装斗争，建设革命根据地。

3.恢复与各级党组织的联系，发展革命武装力量。1928年年初，国民党黄旭初部"驻剿"五华后，在国民党的残酷镇压下，中共五华各级组织陆续中断了联系。为建立与各地党组织联系，中共五华临委一面在八乡观音坐莲设立交通总站和招待所，另一方面派遣临委书记古大存前往九龙嶂与梅县、兴宁、丰顺、大埔县党组织的负责人联系。

畲坑暴动胜利后，工农革命军在街上张贴标语，广发传单，宣传共产党建立苏维埃政权，实行土地革命等政治主张，公开宣布共产党在九龙嶂。汕头《岭东民国日报》报道了畲坑暴动消息，惊呼暴动所造成的影响，并刊出工农革命军散发的革命传单。中共广东省委闻悉，即派人与古大存联系，恢复了与中共五华临委的联系。同时，隐蔽在五华各地的党组织也不断前来联系。中共五华临委在组织贫农自救会的同时，积极发展革命武装力量。1928 年 8 月，中共五华临委做出了所有勇敢的工农分子应立即组织赤卫队，每区成立一团队的决议。从此，在八乡山周围各地普遍建立了赤卫队、运输队、救护队、童子军等组织。10 月 23 日，重建了五华县革命委员会。至此，八乡山、铜鼓嶂、九龙嶂的苏维埃区域连成一片。

4. 召开第一次党代表大会，整顿健全党组织。由于党的六大和中共广东省委二次扩大会议精神的传达贯彻，使梅州各县党组织"领导群众走上了正确的斗争路线"[①]，掀起五华革命新高潮，不久便形成复兴发展的大好形势。1929 年 2 月 19—24 日，中共五华临委在八乡山石涧坑召开中共五华县第一次代表大会，出席大会代表 95 人，列席代表 15 人（共青团员）。中共东江特委书记陈

---

① 中共梅州市委党史研究室：《中国共产党梅州地方历史·第一卷（1919—1949）》，中共党史出版社 2011 年版，第 108 页。

魁亚、委员卢笃茂、东江团委书记卢伟良 3 人亲临大会指导。大会由古清海主持，古大存代表县临委作工作报告。大会认真总结了党领导的五华革命斗争经验教训，提出了今后党的工作。大会经过认真讨论，选举产生了新一届中共五华县委员会。古大存、古清海、陈庆孙、胡国枢、廖厚岳、杨奕泉、李斌、邱雄标、巫素怀、江仲华、蓝绮霞（女）11 人为中共五华县委委员，古大存为县委书记（一个月后由古清海接任），陈庆孙为县委副书记，胡国枢为组织部部长，廖厚岳为宣传部部长，杨奕泉为县委秘书。在会上，县委任命李士芳为中共第一区特派员，邱星楼为中共第二区特派员，巫素怀为中共第三区特派员，江仲华兼任中共第四区区委书记，邱雄标兼任中共第五区区委书记，朱国珍为中共第六区区委书记，胡国枢兼任中共第七区区委书记，古江为中共第八区区委书记，李英为共青团五华县委书记，李斌、邱雄标、巫素怀为团县委委员。县委根据省委关于县委机构设置的指示精神，设立县委秘书处、组织科、宣传科、军事科、交通科、职工运动委员会、兵士运动委员会。会后，中共五华县委发出了组字通告第一、二号文，对整顿健全党的组织，严肃党的纪律进行了明文规定。大会还决定在五华县各区乡建立苏维埃政府，实行土地革命。

经过数月整顿，五华党组织生机勃勃，力量迅速发展壮大。至 8 月份，全县建立了 6 个区委会，75 个党支部，党员达 1500 人。党代会后，中共五华县委加快八乡山革命根据地的开辟，派遣农民武装突袭八乡山贵人村民团。经农民武装巧袭，攻陷了民团团

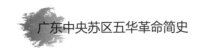

长廖成兴家，击毙民团 11 人，拔除了阻碍八乡山革命发展的"钉子"，人民拍手称快。国民党政府闻悉，急派一营兵力到八乡山搜查镇压，古大存等人马上率领农军将敌营消灭，缴获各类枪支300 余支。这一胜利引起了国民党政府对八乡山的注意。

八乡山首战告捷。随着八乡山革命斗争的发展，国民党反动派更是惶恐不安，密谋策划用军事"围剿"和经济封锁手段，扼杀八乡山革命根据地。1929 年 3 月底，国民党政府命令揭阳、丰顺、五华三县驻军头目毛维寿，统率其部及三县警卫队 2500 多人，分五路"围剿"八乡山。中共五华县委接到秘密交通站送来的敌人"围剿"计划的情报后，在八乡小溪村召开紧急军事会议，研究制订反"围剿"战斗计划，制定了"诱敌深入，集中兵力，各个击破"的战略方针，发动组织八乡群众做好一切战斗准备。八乡小溪、马屋山等村群众听到敌人"围剿"八乡山的消息，个个摩拳擦掌，跃跃欲试，组织了 3 支精干的农民赤卫队七八十人，编成粉枪队、田刀队、尖串队，分别由古清海、李斌、古宜权带领，潜伏在小溪村四周的高山峻岭上。青年妇女组成担架队、慰劳队，老人、儿童也不甘落后，上山擂鼓、呐喊助威。工农革命军、赤卫队制定以击鼓共同夹击的信号，各自进入战斗岗位，待命歼敌。

1929 年 4 月 2 日，汤坑民团团长黄夺标率领民团 100 多人，率先直入伯公坳，国民党丰顺县长方乃斌率警卫队 100 多人，翻越田子山，与黄夺标部形成"钳"形阵地，向小溪村推进。他们打家劫舍，焚烧房屋，杀猪宰羊，庆祝"围剿"胜利。正当敌人得意忘形吃午饭的时候，战鼓咚咚，号角齐鸣，李斌等人率领工农革命军、赤卫队向敌人俯冲而来。毫无戒备的敌人，目睹手执粉枪、田刀、尖串的农军战士奋不顾身、猛打猛冲，顿时慌了手脚，乱作一团。丰顺县长方乃斌更是晕头转向，慌忙带领十多个随从，乘乱冲开一条血路，往田子山逃窜。方乃斌一走，军心大乱，散兵只好往伯公坳逃命。汤坑民团团长黄夺标见势不妙，忙上马指挥部属往伯公坳撤退。埋伏在伯公坳两旁山上等候多时的工农革命军、赤卫队，在古大存等人指挥下，当即把黄夺标击落于马下，带伤的黄夺标连滚带爬往草丛中钻，被农军战士赶上，活捉斩首。民团团长黄夺标毙命后，敌军成了无头苍蝇，只好弃旗丢枪，往汤坑方向拼命逃跑。红军乘胜追击20余里，大获全胜。此役，毙敌军20多名，缴枪20多支，子弹万余发。这就是闻名东江的八乡山第一仗。其他各路入侵之敌，闻黄夺标被毙的消息，军心动摇，士气低落，纷纷逃回营地。

"石头阵"漂亮仗。八乡山第一仗的胜利，使国民党反动派大丢面子。为摧毁刚建立的八乡山革命根据地，国民党政府便重新调兵遣将，向八乡山发动第二次"围剿"，严令各路兵马奋力"剿杀"，不得观望畏缩，违者按军法论处。中共五华县委深入研究敌情后，便改用"石头阵"痛击敌人，发动组织小溪、马屋山等群众，在小溪娘娘宫角用藤条将山上大石、木头垒起长一里，高一丈的"石头阵"，待命歼敌。1929年4月6日，国民党军毛维寿部配合五华、丰顺、揭阳、兴宁等县地反武装1000多人，分三路"进剿"八乡小溪村。敌军吸取第一次"围剿"的教训，改用"搜

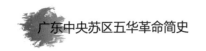

索前进，步步为营"的战术。敌军进入八乡后，依然十室九空，村村空寨。敌军在八乡各村大肆实行烧杀抢掠后，便将过去分散撤兵改为集中撤退、统一指挥的策略，严防革命军、赤卫队伏击。当汤坑方面的敌军走至小溪娘娘宫角后面的狭道上时，古宜权立即下令，割断系着木石的藤条。顿时，山上木石如五雷轰顶，轰轰隆隆向敌群滚砸。由于山高路险，上有悬崖峭壁，下有深潭，敌军进退两难，霎时被砸死一大片；加上革命军、赤卫队左冲右突，喊杀连天，残敌拼命往伯公坳的山沟里钻。此"石头阵"之战，砸死砸伤敌军70多人，缴获枪支弹药一批。

1929年4月9日，八乡戏子潭、苏茅坪、滩下等村赤卫队，采用伏击反击等战术，粉碎了敌人进犯戏子潭的阴谋。4月25日，古大存指挥河西、大竹园、贵人等村赤卫队200多人，分三路征讨严标湖反动据点，大获全胜，迫使敌人向龙岭、良田方向逃窜。国民党反动政府不但调动其他反动武装"进剿"八乡山，还下令禁止米、油、盐、棉布、煤油等物资运入八乡山，企图用经济封锁政策扼杀八乡山革命根据地；还在八乡山出入口和要险处，筑炮楼、设关卡，对进出八乡的客人，严加盘查，肆意开枪扫射。面对敌人经济封锁，中共五华县委一面发动群众，扩大生产，提高自给能力，组织运输组秘密抢运日常用品，一面进行反封锁，严禁八乡柴炭、竹木、中药、农具等特产出口。经过几个月的较量，丰顺汤坑等地柴炭、竹木、中药、农具脱销，物价飞涨3倍，迫使国民党政府不得不采取以物换物的政策，终于粉碎了敌人的经济封锁。

八乡山反"围剿"与反封锁的胜利，大大鼓舞了八乡人民的斗志，他们纷纷报名参加红军、赤卫队。八乡山革命根据地赤卫队发展到4000多人，拥有900支枪。中共东江特委将五华、兴宁、丰顺赤卫模范队500人，改编为东江红军第四十六团，委任李明光为团长，邱宗海为政委。中共五华县委也在八乡山重建教导队，任命古怀为队长。5月下旬，中共五华县委在八乡山贵人村召开各乡工农兵代表会议，八乡山各乡选派代表出席，成立了五华县第九区苏维埃政府。接着，中共五华县委在八乡山小溪、贵人、大竹园、滩良、尖山、高车、蟾蜍田7个乡建立了乡苏维埃政府。随着区、乡苏维埃政权的建立和发展，党领导的工会、农会、妇女会等组织也迅猛发展，八乡山革命根据地拥有工会会员300人，农会会员7000人，妇女会会员1500人。八乡山苏维埃政府还办起了贫民学校、供销社、贫民医疗所、缝衣社等组织，建立了小型兵工厂。至1929年夏，以八乡山为中心的革命根据地已经正式形成。八乡山革命根据地是在革命处于低潮情况下，中共五华县委根据党的八七会议的正确方针，充分依靠发动群众建立起来的。它的建立和发展，标志着五华革命由失败转向复兴。

1929年秋，中共东江特委在八乡山建立东江红军总指挥部，古大存任总指挥。1930年2月，中共东江特委机关从潮安迁驻八乡岳潭，八乡山成为中共领导东江军民进行土地革命战争的指挥中心，与赣南、闽西革命根据地联系也更加紧密，是东江地区中国共产党所领导的重要根据地。1930年5月1日，东江第一次工农兵代表大会在五华第九区丰顺八乡山滩下庄屋坪召开，大会成

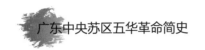
立东江苏维埃政府和古大存任军长的中国工农红军第十一军。大会投票选举产生 45 名委员，15 名候补委员，其中常委 15 人，组成东江工农兵代表会议政府（8 月，改为东江工农兵苏维埃政府）。陈魁亚为委员长，古大存、陈耀潮为副委员长，执行委员会下设人民、土地、军事、财政、教育等机构，履行政府一切职能。此次大会的召开，宣告东江苏维埃政府的成立，这标志着统一的东江革命根据地的正式形成，八乡山成为东江最大的红色区域；也标志着东江地区革命运动进入了高潮。

第六节　参与建立五兴龙革命根据地

土地革命战争时期，五华、兴宁、龙川三县人民在中共东江特委的领导下，在边界山区建立了五兴龙革命根据地，成立了苏维埃政权，开展了土地革命，有效地牵制了广东军阀北上夹击中央红军的兵力，有力支援了中央苏区的反"围剿"斗争，为党和人民立下了不可磨灭的历史功绩。

五兴龙根据地位于东江的西北部，地处两省（广东、江西）三县（五华、兴宁、龙川）边缘交界的地区，距三县县城约百里，毗邻中央苏区。中心地域包括现在五华县的双头、岐岭、新桥，龙川县的鹤市、铁场、龙母、赤岗、上坪、贝岭和兴宁县的大坪、罗岗、罗浮、黄陂、龙田、石马 15 个区，北邻江西寻乌，南界丰顺、紫金，东临梅县、平远，西接和平、河源。这块根据地地形狭长，奇峰险嶂连绵耸立，是东江的战略要地。全盛时期根据地面积达 1900 多平方公里，境内有 800 余村落，总人口达 16 万。

1927 年秋冬，五（华）、兴（宁）、龙（川）三县多次暴动失败后，革命重心转向三县边界山区，进行开辟根据地的艰苦斗争。1928 年 4 月初，三县党员代表在龙川霍山太乙岩召开会议，五华

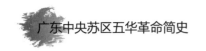

由古清海带领岐岭、新桥、双头党员代表参加了会议，成立中共五兴龙县临时工作委员会（简称中共五兴龙县临委），推选叶卓为书记，刘光夏、蓝胜青、古清海为委员。中共五兴龙县临委成立后，经过两个月的艰苦工作，先后在兴宁北厢建立10个党支部；在龙川中南部建立大塘肚四甲、登云等党的基层组织，并组织了秘密农会，建立了红色据点。下半年，在龙川中部又陆续建立了横江等4个党支部，还建立了20多个农会。

1928年3月，中共五兴龙县临委在兴宁成立了工农革命军独立第三营（后改称红军第三营），营长罗屏汉，党代表潘火昌，有八九十人。他们积极开展武装斗争，多次出击和打退进攻的敌人。4月3日，迎战兴宁、五华、龙川三县反动军队及民团共1000余人，后因敌众我寡，队伍化整为零。6月又进行秘密集中，运用游击战争方式，全力消灭各区乡的民团，并在赤色乡村扩大赤卫队的组织，各区乡赤卫队负责人尽量由省港罢工工人充当。8月，根据"五县暴动委员会"的指示精神，五兴龙党组织更加积极地开展武装斗争。同月下旬，罗屏汉、陈锦华率领20多名赤卫队员，化装为小商小贩，奇袭兴宁大坪反动警察所和保卫团，缴获枪支弹药一批，击毙警察所长等多人，并乘胜收缴了罗口乡反动民团的枪械。

大坪暴动后，五兴龙临委在龙川大塘肚成立了东江游击大队，大队长张国标（张海），副大队长罗文彩，政委罗屏汉。游击队频繁出击大信、大坪、罗浮等地的土豪劣绅，收缴敌人的枪械以充实自己。1929年年初，龙川县临时革委也建立了以陈锦华为队长的游击大队，壮大三县的武装力量。由于武装力量的扩大并经过艰苦斗争，三县建立的革命据点由各自独立行动发展到紧密联系、互相配合，逐步形成一个有机的整体。

1929 年 3 月，为配合毛泽东、朱德率井冈山红四军主力分兵闽粤赣边建立根据地的战略部署，五兴龙三县党组织决定在龙川县大塘肚建立闽粤赣边五兴龙县苏维埃政府，统一领导五兴龙三县革命斗争。3 月 5 日，五兴龙三县工农兵代表大会在东江特委巡视员刘琴西的主持下于大塘肚长塘面召开，正式成立五兴龙县苏维埃政府，选出曾不凡、潘火昌、罗屏汉、古汉忠（五华人）等 7 人为常委；主席曾不凡，副主席潘火昌。县苏维埃下设 4 个区政府，区以下设乡政府；同时中共五华县委仍保留建制。此时的五兴龙县苏维埃政府是闽粤赣边区建立起来的第一个联县苏维埃政府，是土地革命时期粤东主要的根据地之一。五兴龙苏区成立后，即着手做好如下几项工作：

1.培训革命干部。五兴龙县苏维埃政府成立不久，为开辟新区，加快游击战争步伐，于 3 月底召开了一次县苏维埃政府人员、区委、区联队、乡农协以上干部会议，部署把游击战火引向西北部，实现与江西中央苏区连成一片。五华的乡农会会长黄景新、何德强、钟席君、唐展纯、李五琴、戴竹修等人，参加出席了此次会议。为了实施这一计划，刘琴西号召三县党政军人员要执行"工作忙时细心些；遇到问题冷静些；了解问题全面些"等 10 条守则。同时坚决贯彻执行中央苏区《关于惩治贪污浪费行为的训令》，制定《关于钱物管理规定》等有关规定，加强廉政建设和人

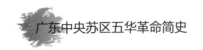

财物的管理，厉行节约，反对贪污浪费，形成与人民同甘共苦、勤俭节约、廉洁奉公的工作作风和生活作风，为革命事业提供坚强的纪律保障。

2.扩充革命武装。五兴龙县苏维埃政府会议结束后，中共五兴龙县临委建立了通往五华、紫金、河源、寻乌、定南8条交通线，加强了中共五兴龙县临委与中央苏区、中共东江特委的联系。同时把原东江游击大队等武装整编为五兴龙游击大队，大队长罗柏松，政委潘火昌，有80多支枪。同时，为解决苏区武器紧缺问题，五兴龙县苏维埃政府按照东江特委的指示，在大塘肚沥背底村油坊建起五兴龙兵工厂，雇请了五华铁匠工人40多名，由古汉忠兼任厂长，不久被敌发现，迁往兴宁大信朱畲，复迁兴寻边境的南扒村。

1929年9月28日，中共中央向红四军前委做出"进至梅县、丰顺、五华、兴宁一带游击，发动广大群众斗争，并帮助东江各赤色区域的扩大，相机围缴敌军枪械，集中东江各县赤卫队建立红军"的指示。10月6日，中共东江特委接到中共广东省委"红军乘机进取东江"来信后，做出"迅速扩大红军；加强宣传工作；加强士兵运动；加强党的组织与领导力量；实现土地政纲，建立苏维埃；与红四军前委等发生最亲密的关系，普遍发动游击战争等"12项决议。中共五华县委接到中共东江特委紧急通告后，随即派遣古大存到丰顺的马图与红四军朱德军长联系，汇报工作；印发各种宣传资料，大张旗鼓进行宣传鼓动工作；挑选近百名能工巧匠，到中共东江特委兵工厂制造单响枪及子弹；没收地主土地，分配给农民，调动农民革命积极性。

1929 年 11 月初，红四军撤出东江后，五华的反动势力又嚣张起来。国民党五华县政府到处捕捉共产党人和革命志士，抄家封屋，地主豪绅乘机迫债收租，搞得五华一片风声鹤唳，仅五华鲤江万屋就被捕 30 人。1930 年 1 月 3 日，五华地反武装勾结国民党钱大钧部 4000 多人，分三路"进剿"双华、华拔苏区。红军、赤卫队采用"各个击破"战术，先后击败了安流、水寨两路敌军。只有鲤江一路来敌，在红军、赤卫队英勇反击下，退守虎石碧石岗。敌凭该地山高岭峻、易守难攻的有利地形，与红军、赤卫队决一死战；红军则采用两路夹攻的策略，向山顶发起冲击。在红军、赤卫队前后夹攻下，共击毙敌排长以下 34 人，伤敌 52 人，缴枪 20 多支，子弹 2000 多发。碧石岗战斗大捷，鼓舞了五华人民的斗志。

1930 年 2 月，由古柏、钟锡球率领的红军第二十一纵队，罗屏汉率领的红三营，以及寻乌、平远、兴宁等部分地方武装编成红军第五十二团，全团共 500 多人，团长刘光夏，政委陈俊，参谋长邝才诚。该团成立后即东征西讨，于 2 月间进攻平远石正，缴了敌人 100 多支枪。随即回师大信，毙伤进犯大信之敌 70 多人。3 月下旬，该团奉命攻打寻乌反动据点澄江圩时，因对敌人的力量估计过低，缺乏攻坚武器，加上地形不熟，致遭受严重伤亡，团长刘光夏、政委陈俊、参谋长邝才诚等主要领导人均壮烈牺牲，全团冲杀出来的只存五六十人。5 月，罗屏汉在大信苏区重新建立了东江游击队。10 月，又扩建为东江游击大队，大队长骆达才，政委曾义生，全队140多人。11月20日，在红十一军参谋长梁锡祜、东江特委巡视员刘琴西领导下，又组建了红十一军独立营，营长彭城、政委罗屏汉，全营500多人。12月组建了五兴龙游击总队，总队长罗柏松，政委潘火昌，全队约200人，下辖3个中队。

五兴龙武装力量的不断发展壮大，给敌人以重大打击。从1929年年初到1930年年底，先后同敌人战斗几十次。特别是龙川大塘肚村，从1929年6月到1930年年底的1年多时间，经历大小24次战斗，打退了敌人5次较大规模的进攻。

3. 进行土改分田。五兴龙县苏维埃政府刚成立，根据东江特委指示，指令边区各区乡赤卫队支持农民抗租抗税，镇压地主阶级反抗，配合游击队打击土顽，袭扰反动政权机关，使得国民党乡村政权一时土崩瓦解，地主豪绅纷纷逃往城镇或白区的亲友家里躲避。为进一步满足群众要求，在坚强武装的保护下，1929年3月间于大塘肚率先开展土改试点，将地主及公尝土地分等计口配给农民。这为以后全区的土地改革起到了先行试点的作用，有力地促进了五兴龙三县各红色区域的土地改革全面展开，形成分田高潮。

4. 保障经济供给。五兴龙县苏维埃政府建立后，既要支付新扩充部队和机关增员的粮食、经费，又要筹措一大笔物资支援中共东江特委机关八乡山与中央苏区的反"围剿"战争，这给大塘肚根据地带来很大的经济压力。面临这些困难，县苏维埃政府从实际出发，在经过一番调查研究和总结经验的基础上，通过破仓分粮、没收反动地主恶霸的财物，向殷实富户或开明人士进行劝募捐款、节约开支、反对贪污浪费等办法，有效地解决给养问题。

1930年12月，中共闽粤赣苏区特委西北分委派刘琴西到新村南扒主持召开五兴龙党代会。会议历时7天，成立中共五兴龙县委员会，选举古清海（古连）、潘火昌、蔡梅祥为常委，古清海为书记。会议改组了五兴龙县苏维埃政府，主席潘火昌，刘荐修任县苏维埃政府秘书。会议任命伍晋南为团县委书记，张瑾瑜为县妇女会主任。此时，五兴龙根据地的领导中心由大塘肚转到兴（宁）、平（远）、寻（乌）边的新村南扒，下辖中共上（坪）贝（岭）浮（罗浮司）、老（隆）鹤（市）、黄陂、大坪等区委，其中五华的岐岭、双头、新桥属上贝浮区委管辖。至此，宣告了五兴龙革命根据地的正式形成。

1931年8月，红十一军独立营及地方游击队配合红一方面军第七军攻克寻乌县城，随即扩编为寻乌独立团。11月，又配合红三军团解放了会昌、安远县。中共闽粤赣苏区特委西北分委骨干和寻乌独立团的负责人梁锡祜、陈锦华、罗屏汉等14人分别担任寻乌、会昌、安远县党政主要领导，巩固了新开辟的赣东南苏区，使之与赣西南苏区连成一片。至1931年冬，中共五兴龙县委又迁移到寻乌车头。1932年5月，五兴龙苏区在国民党军队"围剿"下，与中共东江特委失去联系后停止活动。1932年6月成立中共兴（宁）龙（川）县委，此后隶属中共粤赣省委。

五华、兴宁、龙川边区人民共同参与创建的五兴龙革命根据地，前后历经长达8年的武装斗争浴血奋战，虽未取得彻底胜利，

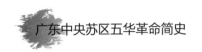

但对中央苏区发展壮大具有不可低估的重要历史意义。一是扩充革命武装加紧军事训练，进行武装夺取国民党政权的尝试。二是成立闽粤赣边五兴龙县苏维埃政府及其所属区乡苏维埃政府；在各县苏机关地实行土地改革，按人分等计口分田，苏区人民真正当家做主人。三是成立五兴龙（兴龙）县委领导的苏区游击总队（大队），这些代表工农利益的人民军队为巩固苏区和保卫苏区安全起了重大作用；这支队伍的部分人员还被整编为中国工农红军第十一军。四是建立了以大塘肚为中心的游击根据地，实行武装割据，进行顽强的反"围剿"斗争，给国民党当局以沉重打击，有力支援了中央苏区的反"围剿"斗争。

第七节　建立苏维埃政权，
实行土地革命

1927年11月中旬，海陆丰工农政权成立。12月，古大存率领204人（共产党员20人）到海丰学习，向彭湃请示工作。彭湃肯定了古大存领导的五华农民运动的巨大成绩，勉励古大存再接再厉，以一如既往的革命精神，将土地革命进行到底。彭湃还赠送给古大存一把大马刀。古大存带着大马刀回到五华上山地区，立即筹建苏维埃政权，领导五华人民开展土地革命。1928年1月6日，在龙村睦贤乡文高公祠首先建立了五华第一个乡苏维埃政府。1月8日，在龙村（八区）召开工农兵代表大会，成立龙村区苏维埃政府。不久，成立横陂区（六区）苏维埃政府。

丁卯年关大暴动后，全县有222个乡农会成立苏维埃政府，开展土地革命。1928年2—9月，国民党调派重兵"驻剿"，县区乡工农政权机关遭受严重破坏。1929年年初，中共五华各级组织恢复联系，五华革命复兴，全县4000多名农民报名参加了贫农自救会。为发展革命形势，县委主持开展土地革命。2月，中共五华县委在第一次党员代表大会上，向到会代表明确提出："1929

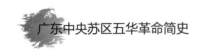
年底前完成五华苏维埃政权建设任务。"经广大共产党员3个月的努力工作，5月，在八乡山建立了五华县第九区苏维埃政府。接着，在兴宁水口建立了五华县第十区苏维埃政府，在兴宁下堡建立了五华县第十一区苏维埃政府，在郭田重建了五华县第四区苏维埃政府，在安流念目石重建了五华县第七区苏维埃政府，在梅林重建了五华县第八区苏维埃政府。区苏维埃政府的建立，推动了各乡村苏维埃政府成立。至12月底，五华建立了30多个乡苏维埃政府。

在区、乡苏维埃政权日益发展的形势下，成立五华县苏维埃政权的条件已经成熟。中共五华县委遵照中共东江特委的指示，决定召开五华县工农兵代表大会，以完成建设五华县苏维埃政权的伟大任务。1929年12月，五华县工农兵代表大会在八乡贵人村召开。大会号召全县工农兵要拥护苏维埃政府，要在苏维埃政府统一领导下，将土地革命进行到底。大会选举产生了五华县苏维埃政府的领导人，主席陈庆孙，委员李英、陈汉才、胡焕寰、张剑珍。县苏维埃政府除下设军事、财粮科外，并设土地科，负责土地、人口状况调查，处理分田、废债事项。会后，还举行了拥护苏维埃政府的武装大示威。1929年3月，在东江特委特派员刘琴西的主持下，五兴龙三县工农兵代表大会在大塘肚长塘面召开，会上正式成立闽粤赣边五兴龙县苏维埃政府。1930年12月，中共五（华）、兴（宁）、龙（川）三县代表大会决定，改组五兴龙县苏维埃政府，辖五华、兴宁、龙川各区乡苏维埃政府。

苏维埃政权建立后，土地革命便在三县各红色区域全面展开，形成分田高潮，五华的嵩头（今双华）、梅林、郭田等苏区的土改分田搞得热火朝天。此时，党的土地政策主要是根据 1929 年 10 月由毛泽东、朱德、古大存、刘光夏等 7 人签署发布的《东江革命委员会关于公布执行土地政纲的布告》（第 177 号），积极领导全县人民开展土地革命斗争。

第一件事是扫清残敌，消灭隐患。惩办了在人民头上作威作福的陈谷樵、张申八、张成祥、张访云等土顽恶棍。国民党油田乡乡长陈谷樵长期横行乡里，鱼肉人民，乡民叫苦连天，十分痛恨。为抓紧建立油田乡苏维埃政府，中共五华地方组织挑选 8 名赤卫模范队员，装扮成卖谷、挑木柴的农民，潜入陈谷樵的"谷裕楼"。4 名赤卫队员负责"谷裕楼"周围警戒，4 名赤卫队员直闯该楼上厅。目睹陈谷樵父子 3 人正在上厅饮茶、吹烟，赤卫队员拔枪射击，陈谷樵父子 3 人应声而倒，顷刻毙命。击毙陈谷樵 3 人后，当地群众拍手称快，大长了革命群众志气。

第二件事是扩大工农革命军。中共东江特委下达五华招收 50 名青年参加工农革命军的任务。县苏维埃政府贴出招兵布告后，青年人踊跃报名，除上送 50 名青年参加工农革命军后，仍有 200 名青年编入县赤卫模范队，并在八乡山设立子弹厂、炸药厂、枪械修造厂。

第三件事是发展生产，兴办福利事业。为促进农村经济建设，县苏维埃政府在八乡山设立了贸易供销社，兴办了贫民学校、中医院、西医院，在农村组织起缝衣社、互助组、帮耕队等。由于苏维埃政府的种种政策和措施得民心、合民意，深受广大人民拥护，全县出现了欣欣向荣的新气象。人们精神奋发，积极参加生产劳动，物质丰富，市场繁荣，群众生活大大改善，新风尚蔚然成风。此时，县苏维埃政府也从八乡山迁至安流东灵寺。

1930 年 1 月下旬（己巳年关），五华第四、六、七、八、九区 8 万余人，在中国共产党领导下，广泛开展"打土豪、分田地"斗争，各区、乡召开武装大会，组织农民武装攻陷了八乡青溪的反动联防会，消灭联防武装 100 多人，活捉了大地主、联防主任钟玉记；打杀了反动首恶冯亚仁、冯亚成、古永松等人；清理没收了大地主黄调元、黄文思等人家财，分给贫苦农民。通过清除革命障碍，打击反动首恶，威慑了五华地反头子，推动了五华土地革命运动的开展。

为把土地革命引向深入，1930 年春节后，五华县委、县苏维埃政府领导人，分别深入到第四、六、七、八、九区，带领各区乡农民开展焚烧契约、废除债务、没收地主土地并将其分配给农民的土地革命运动。各区、乡苏维埃政府内设土地科，专责没收、分配土地工作。以乡为单位，按人口计算，实行平均分配土地。各农户在原耕种基础上实行"抽多补少、抽肥补瘦"的原则，由清丈人员丈量分配，插桩划界，由县苏维埃政府发给农户土地使用证。没收的山林、池塘一律归苏维埃政府管理，但不分配，农民可以向乡苏维埃政府申请承包管理，收益时，必须按收益数量纳税。为鼓励群众参军参战，五华各地执行了西北联会关于红军家属、烈属、荣残军人在分配土地的优惠政策。据有关文献载：五华四、七、八、九区约 16 万人口，开展分配土地工作。其中五华八区农民，每人分得 1 斗种田（按 0.66 斗谷种折合 1 亩），陂坑农民每人分得 1.55 斗种田。

农民分到田地后，县委、县苏维埃政府在解决农民耕者有其田的基础上，又积极引导农民进行经济建设，帮助农民解决种子、耕牛、农具缺乏的困难，建立合作社，兴修水利，大大调动了农民生产积极性。农民生活大大改善，参加红军革命的热情更高，到处呈现母送子、妻送郎、弟送兄参军参战的生动喜人场面。仅 1930 年春，五华青年编入红军第四十六团就达 200 人，红军第四十六团由 500 人发展到 1000 人。他们为捍卫苏维埃政权、保卫革命根据地抛头颅、洒热血，涌现了许多"父殉难子接枪，郎牺牲妹向前，叔阵亡侄顶上"的可歌可泣事例。古大存一家从 1925—1931 年的 6 年中，就有 14 人参加革命，有 12 名亲人（其中 10 名烈士）先后为人民的解放事业战斗至生命最后一刻。徐妙娇（古大存前妻）1931 年 6 月被国民党反动政府杀害后，其儿子古关贤继承母志，参加了东江红军，与其他红军战士一起英勇作战，创下了辉煌战绩。古大存弟弟古永钵被惨杀后，其侄古瑆贤、古梧贤、古柏贤、古犀贤、古树贤、古鼓贤踏着叔父足迹先后参加了红军，为革命献出了青春。

第八节　中国工农红军第十一军的成立

1929 年 10 月，陈毅、朱德先后来到东江地区，传达中央决定：派红四军到东江地区帮助发展东江革命根据地和壮大武装力量。随后，朱德亲率红四军 1 万多人，从江西开进广东梅县、大埔一带，以巩固扩大红色根据地，争取与中央苏区连成一片。红四军到梅县、大埔一带，协助东江红军重创了国民党反动武装后，古大存在丰顺马图村会见了朱德军长。朱德给中共东江特委留下一个连，约 150 多人和 120 支枪，作为建立红军的骨干，并要求古大存将已有的农民武装整编为红军。

1930 年年初，中共广东省委就红四军可能再次进军东江地区，传达了中央指示："集中东江的一切游击队、赤卫队等，编成红军，统一指挥，以深入东江的土地革命。"并对东江特委提出关于扩大和发展红军的意见：第一，在群众中扩大红军的宣传，号召广大农民群众自愿参加红军；将东江一切农民武装分期改编为红军；各地的红军招募委员会改为红军征集委员会；红军的成分应以雇农、贫农为主力，拒绝富农参加。第二，红军的领导机关必须健全，并与中共东江特委发生直接关系；在东江的西北、东南、西南等处，应成立红军的分区指挥机关，除了直接受红军总部的指挥外，还应与当地党组织发生联系。第三，红军的直接指挥系统应积极地建立起来；东江红军应与闽西、赣南的红军取得联系；红军应按照省委指示分布于东南、西北、西南三处，不应全部集中在西北。

中共东江特委和东江红军总指挥部根据中共中央及中共广东省委的有关指示，在筹备东江工农兵代表大会的同时，也进行统一东江红军的准备工作。1930 年 4 月上旬，中共中央发出指示："目前东江红军应以现有之四团为基干，扩充为四个纵队而成立红军第十一军。"5 月初，在东江第一次工农兵代表大会上，中国工农红军第十一军宣告成立。军长古大存，政治委员颜汉章（后吴炳泰），副军长彭桂，参谋长龚楷（后严风仪、梁锡祜），政治部主任罗欣然。全军下辖的原东江红军 5 个团改编为 5 个纵队：第一纵队（原第四十六团，团长李明光，政治委员吴学哲）、第二纵队原（第四十七团，团长洪楚才，政治委员陈开芹）、第三纵队（原第四十八团，团长罗时彦，政治委员温仰春）、第四纵队（原第四十九团，团长彭桂，政治委员黄强）、第五纵队（原第五十二团，后改称第五十团，在澄江战斗中被打散，重建后编入红四军序列）和教导队（后扩充为教导团，古宜权任团长）。各纵队领导人基本上是原各团的负责人（不久取消纵队又恢复团的建制），部队以三三制编成战斗序列。组建成军后，军部驻八乡山，设有军校、医院和兵工厂等，全军约 3000 人。

红十一军组成后，为了提高部队的战斗力，加强党对军队的领导，中共东江特委从多方面进行红军的建设。一是把军队置于党的领导之下。在红十一军中建立各级党组织，军部设军委，由颜汉章任书记，古大存、罗欣然、严凤仪及1名士兵代表任委员。各团团部设党的前方委员会，各营设党支部，排、班设党小组。二是加强政治思想教育。在军部和团部都设政治部，负责干部、战士的政治思想教育工作，组织各种政治训练及进行群众工作。三是实行军内民主，建立新型官兵关系。在各连、排设士兵委员会，反映士兵意见和建议，组织士兵娱乐、教育及改善生活等工作。四是加强军事训练，提高军事素质。在各团设立团委，负责全团的军事指挥，加强组织纪律教育，根据实战需要，加强军事训练，坚持军事课目操练和军事干部的培养。五是加强军队后勤保障。在各根据地设立后方基地，储备军需物资，建立兵工厂、军械厂、被服厂、红军医院等后勤机构，为部队提供基本的保障条件。

红十一军的组建和红军建设的加强，有效地提高了红军的战斗力。红十一军各团相互配合，与国民党正规军及地主武装周旋，使八乡山革命根据地形成了有正规编制的红军和县、区常备赤卫队和乡赤卫队相结合的三级武装体系。它的成立，标志着东江地区的武装斗争进入了一个新的发展阶段。

1930年5月，红四十八团远征闽西，打败永定县镜坑湖乡的地主武装。1930年6月初，古大存、卢笃茂率领红十一军及地方赤卫队900多人在五房山集中，分三路进攻新亨镇，取得胜利。6月15日，中共广东省委及中央军事部南方办事处发出一封信，对红十一军和红十二军的建设做出具体指示，认为根据中央决定"目前策略是集中攻坚"，"向重要城市进攻，实现几省首先胜利的前途"。根据省委和东江特委的指示，准备暴动的"东江行动委员会"成立，颜汉章为行委主席，古大存为前敌总指挥，统一指挥东江的暴动。7月下旬，古大存亲率红四十六团在居西飞鹅岭、太平岭一带与国民党激战，终因弹尽粮绝而撤退。8月初，红四十六团300多人攻破黄沙溪，缴获30多支枪。8月间，红四十八团配合闽西红十二军进军东江，与国民党激战多次，伤亡惨重，后与红十二军一起撤回闽西根据地。11月间，红四十九团与彭杨军校学员配合，消灭了国民党军陈中团的一部分，保卫了大南山根据地。

1930年12月，按照中共中央的"改编与整顿红军现有的力量""闽西两军东江一军合编为第六军"的计划，根据中央军委南方办事处的命令，红十一军改编为中国工农红军第六军第二师（后因无法建立军部又改称中国工农红军东江独立师），师长彭桂，政治委员黄强。全师下辖2个团和1个独立营。第一团由原红十一军第四十九团改编，有4个连，约400人，由彭桂兼任团长，黄强兼任政治委员；第二团由原红十一军第四十六、四十七团合编，有3个连，约230人，团长古宜权，政治委员陈开芹；独立营由寻乌、平远等县赤卫队合编，营长彭城，政治委员罗屏汉。全师约1000人。

由于受李立三"左"倾冒险主义路线的影响，在这段时间，中共东江特委为便于指挥红军夺取汕头、潮州、惠州，把领导机

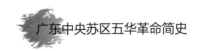
关转移到靠近汕头的敌人必争之地大南山。而古大存则坚持原则，率领留守的第四十团和教导团坚持在八乡山进行武装斗争。国民党军不断对原红十一军军部所在地八乡山进行疯狂"围剿"，1930年冬至1931年夏，广东军阀先后调毛维寿部、张瑞贵一个旅的兵力，并集合五华、丰顺等各县警卫队5000多人，分数路"围剿"八乡山。在古大存指挥下，红军在八乡山外线的猫坑、畲平等地多次击退国民党军的进攻。但国民党仍重兵围困，对八乡山进行经济封锁，使红军斗争环境异常艰苦。在这样的情况下，红军战士却毫无怨言，坚持斗争。

1931年6月1日，张瑞贵又纠集了梅县、揭阳、丰顺、五华等反动武装近千人进攻八乡山。6日，古大存根据敌我力量悬殊的情况，决定红军主力撤退。6月11日，古大存带领红军第四十六团共100多人，转移到海陆紫及陆惠边界开展游击战争。至此，八乡山革命根据地全部为国民党军侵占，苏区人民遭到敌军的"三光"政策的摧残。原红十一军负责财务的古公鲁、红色宣传员女歌手张剑珍、红军战士徐妙娇等数十名干部、战士遭到杀害。

红十一军从正式组建、改编到取消番号，时间不足1年。但是，作为东江地区革命武装统一组建而成的红军正规军，它在中共东江特委的领导下，为开创东江革命根据地，粉碎敌人的"围剿"，推动东江地区土地革命运动的发展等方面作出了重要贡献。它的斗争足迹遍及东江地区的梅州、汕头、潮州、揭阳、汕尾、惠州、河源等17个县市区，经历了大小战役百余次，沉重地打击了当时国民党在广东的反动统治和农村封建势力，及时地宣传了党和红军的政治主张、传播了革命火种。南粤崇山峻岭中飘舞的鲜艳军旗极大地鼓舞了广东人民的革命斗志，影响深远。1936年，毛主席在延安向美国记者埃德加·斯诺介绍中国革命武装斗争情况时说："彭湃领导的海丰苏维埃运动失败后，它的军队一部分，在古大存指挥之下，离开了那区域，与朱德和我取得了联系，后来成了红军第十一军的基本队伍。"

第九节　扩大武装割据区域，
　　　　融入中央苏区革命斗争

1929年6月18日至7月初，中共东江特委在丰顺县黄礤召开东江党员代表大会。五华等11个县23名党代表出席了会议，五华县青年团负责人列席参加了会议。大会向东江各县提出了"扩大党的政治宣传，加紧日常斗争的鼓动与指导，争取广大群众"的工作总任务，号召东江各级党组织发动群众，开展农村武装割据斗争。

中共五华县委根据东江党代会会议精神，进行认真研究和落实。在东江红军支持下，五华各区、乡赤卫队主动向反动据点出击，歼击警卫队、民团等地方反动武装，收缴敌人的武装壮大自己的力量，扩大赤色区域。6月，中共东江特委派遣红军第四十六团教导队队长古宜权率领红军300多人，突袭安流（七区）警委会，经一天浴血奋战，攻陷了安流镇。红军在安流街上散发传单、张贴标语，宣传共产党的政策，号召七区人民团结起来，打土豪分田地。7月21日，四区地主豪绅勾结张九华统率五华县警基干队，围捕郭田布尾村革命群众50多人，其中共产党员6人，激起布尾苏区人民极大愤怒。他们集会号召全村人民动员起来，做好反击入侵之敌的准备，并写信派人送给八乡山的中共五华县委领导人，要求派遣红军支援。

中共五华县委接信后，一面指示四区区委，成立战时军事委员会，负责统一指挥各乡赤卫队战斗；一面指派共产党员万大来率领县教导队和九区赤卫队 100 余人，支援布尾人民反击斗争。智勇双全的万大来，选择在敌军必经之路发动该村赤卫队员，在村口的水口山上用葛藤裹起一堵石墙，迎击敌人进犯。1929 年 7 月 27 日，张九华统率地反武装 200 多人再次进犯布尾村。当敌人窜进布尾村时，万大来一声令下，埋伏在两边山上的县教导队战士向敌俯冲，敌军遭此伏击，措手不及，抱头窜往水口山方向。此役，击毙敌人 35 名，俘敌 7 人，缴获各类枪支 20 支。

败将张九华并不罢休，发誓要洗刷失败的耻辱，他调兵遣将，先后向四区布尾发动七八次"围剿"，终被红军、赤卫队击败，气得五华县警基干队大队长张九华仰天长叹。

为了进一步打击敌人的气焰，中共五华县委决定增调九区的赤卫队员 100 余名支援四区武装斗争。8 月 29 日，东江红军第四十六团第二连配合五华县赤卫模范队，深夜突袭四区双华乡治安会，当场击毙反动首恶张翼巨等 28 人，缴枪 7 支。五华县赤卫模范队和红军的声东击西、飘忽无常的游击战术，弄得张九华等人大失面子，叫苦连天。为与红军、赤卫模范队决一死战，张九华四处奔走，乞求援助。9 月 3 日，张九华网罗国民党军黄振中营及各地警卫队从四面包抄布尾苏区。在敌强我弱的形势下，红军、赤卫模范队马上集中火力阻击敌人，掩护着苏区人民撤向八乡山，敌人扑空，垂头丧气撤回驻地。

10月1日，五华安流警卫队、丰顺大罗驻敌、揭阳大阳驻敌汇集丰顺汤坑驻敌近千人，对八乡山革命根据地采取包围态势。在四面受敌的险恶形势下，中共五华县委在八乡召开了党团常委联席会议，做出两条决定：一是充分发动群众做好反"围剿"的准备；二是扩充五华县赤卫模范队一个中队，在龙潭、牛汶溪设立小型兵工厂，制造枪支弹药支援前线。

会后，经广大党团员宣传发动，八乡山农民反"围剿"斗志空前高涨，他们纷纷把自己的耕牛卖掉，买回一柜子弹2万多发送给红军、赤卫队。中共五华地方组织还采用先发制人的战术，于1929年10月20日派赤卫便衣队袭击大都警察所，击毙反动警卫队员8人，缴获枪支3支。大都告捷后，赤卫便衣队马上张贴散发《告警卫队员书》《白兵出路歌》。五华党组织认真做好白兵（国民党兵）家属的思想政治工作，劝告他们的子女不要为国民党反动政府卖命，与红军、赤卫队为敌。经耐心说服教育，至1930年上半年，仅国民党香翰屏部五华籍士兵就有60多人离队回乡。古大存等领导人在敌人气势汹汹闯进革命根据地时，率领红军迂回退却，诱敌深入，选择敌军薄弱点，集中优势兵力，各个击破，迫使国民党反动军队撤回驻地。

1929年10月18日，为配合红四军作战，东江红军第四十六团奉命进驻八乡。20日，朱德率红四军南下东江，革命形势急速好转。面对大好形势，中共五华县委于23日召开党团常委联席会议，传达贯彻中共东江特委常委扩大会议精神，要求各级党团组织积极发动党团员深入斗争第一线，踊跃参加作战特种组织（如交通、侦探、救护、运输等），认真组织和发动群众开展秋收斗争。会后，县委印发"党团告群众书""十大政纲""目前政治环境与党的任务策略"等宣传资料，发至各区委、支部。各区委、支部灵活采取各种形式，向工人、农民开展声势浩大的宣传鼓动工作。由于游击战争的深入开展，扩大了武装割据的区域，推动了五华党团组织的发展。在第一、二、三区新建立了5个党支部，党员17人；在第五区澄湖、黄龙等乡建立党组织，并成立篷船工会；在第六区叶湖、黎塘里、联和等村建立党组织，并在横陂石窟下成立石业工会；第七、八两区党组织的发展也有新的突破，除罗经坝几个乡村未建立党组织，其余都建立了党的组织。因此西北七县联席会议向各县委、区委、支部发出指示中述："五华斗争由抵御敌人的进攻转为反攻，将促成四、七、八区等三个赤色区域割据。"正如红十一军代表在全国苏维埃区域第一次代表大会上的报告所说："在秋收斗争中形势更加快速的深入，斗争范围也快速的扩大。在五华、兴宁、丰顺、梅县、惠来、潮阳、饶平等处的乡村斗争，已由抗租进到没收分配土地，推翻国民党豪绅地主政权，建立苏维埃的阶段。"

在武装割据斗争的大好形势下，11月20日，为实施朱德军长提出的"在巩固粤东北根据地后，往赣南发展，要与江西苏维埃连成一片"的战略，古大存、何石率领第四十六、第四十七团，往江西寻乌方向进军。当部队到达郭田坪上时，突遭张九华统率地反武装 1000 多人伏击。由于敌占据坪上四面高山，居高临下，红军作战地形不利，致使红军官兵伤亡严重。第四十七团团长何石，连长许炳、吴峰壮烈牺牲，古大存负伤。此役是东江红军损失较大的一次战斗。为保存实力，东江红军被迫撤回八乡山革命根据地。

1930 年 5 月 7 日，红四军分兵到平远、五华、兴宁等县，"攻下五华、兴宁，把国民党军毛维寿所部约两营及当地警备队一民团缴械"。1930 年 5 月，红四军由赣寻边到粤东北地区，攻陷了五华的安流、梅林等地，五华苏区融入了红四军控制的苏区范围。到 6 月初，五华、兴宁、龙川、平远等县已经同赣西南革命根据地的会昌、安远、寻乌等县的红色区域连成一片，同时与赣西南其他各县的红色区域的联系亦已相通，这时的五华苏区已与赣西南苏区建立了更加密切的关系。

1930 年 10 月底至 11 月初，中共闽粤赣苏区特委在大南山的大溪坝村成立。同年 11 月，中共闽粤赣苏区特委西北分委成立，领导龙川、五华、兴宁、梅县、大埔、丰顺、平远、蕉岭等县党组织。此时粤东北的五华已属于中共中央计划建立的中央苏区南部区域。1930 年 12 月，中央革命根据地进入第一次反"围剿"，同月 10 日，《中共中央给红军的训令》中称："第一、三军团在目前情况之下，应以赣南和赣东南为作战地区；而以闽粤赣为后方根据地……"五华红色区域已是中共闽粤赣苏区特委西北分委管辖区域，成为中共中央计划建立的中央革命根据地的后方根据地范围，是中央革命根据地腹地的南方屏障。特别是随着八乡山和五兴龙革命根据地的先后建立，五华红色革命根据地的军民积极参与牵制国民党军的战斗，配合主力红军在赣南粉碎国民党军的第一次"围剿"。五华苏区的革命斗争融入了中央苏区的反"围剿"斗争中。

1931年1月，中共苏区中央局成立，发出的《通告（第1号）》中称，闽粤赣特区，包括闽西、粤东北、赣东南一部分。中央苏区局划定的闽粤赣特区实际控制区域，包括粤东北部，而五华县位于粤东北部，属于闽粤赣特委实际控制区域。同年4月4日，《中央给闽粤赣特委的信》中明确指出"闽粤赣是整个中央区的一部分"。"中央区"，即是中央苏区。五兴龙革命根据地的五华县属红色区域成为中共中央明确的中央区范围。这时，五华党组织已建立了6个区委，75个支部，党员人数1500多人，占整个粤东北党员总数的55.7%，为粤东北各县之最。至1931年年底，全县有8个区，建立苏维埃政权村庄295个，苏区面积占全县总面积的53.31%。

此后，中央苏区逐渐进入全盛时期。1932年春节，中共五兴龙县委迁至江西寻乌车头村，属中共五兴龙县委领导的五华县与中央苏区赣南逐渐密切了关系。1932年2月，中共江西省委调罗屏汉、罗文彩、张瑾瑜、廖醒中、古汉忠等到中共会昌县委工作。3月，中共江西省委又调陈锦华任安远县委书记之后，中共五兴龙县委由蔡梅祥负责。同年5月，赣南革命根据地召开工农兵代表大会，成立江西省苏维埃政府。是月，江西省苏维埃政府委员古柏前来河角圩指导工作，邀集中共五兴龙县委的同志召开党团

联席会议。

1932年6月，五兴龙县委撤销，中共兴龙县委组建。此时，在五华南部，第八区区委书记巫素怀在第八区组建的一支20多人的八区驳壳队和古宜权领导的有30多人的西北游击队，活跃在五华南部山区，邹权在第六区组建一支20多人的红色先锋队战斗在五华中部地区。同年7月，古宜权率领西北游击队30多名队员突袭第八区睦贤乡，地方民团武装被全部缴械，处决了民团团长。同年冬，从赣南率部返回兴龙根据地的古汉忠，主要活动于龙川南部与五华北部周边地区。岐岭、双头、新桥等地苏区成为中共兴龙县委领导下的根据地重要组成部分。1933年春，中央苏区取得第四次反"围剿"胜利后，古汉忠增补为中共兴龙县委委员、兴龙县革命委员会主席团成员，在其领导下五华苏区已恢复了大部分苏区面积。6月，为牵制广东国民党陈济棠部北上事宜，粤赣军区宣布部署五华、兴宁、龙川、平远、寻乌地区开展武装斗争。五华苏区游击队在中共兴龙县委的领导下，积极牵制"进剿"中央苏区腹地的国民党军。他们先后在五华安流的念目石，龙村葵头嶂、银子窝，梅林深湖村，郭田的照月岭等地开展袭击国民党地方反动武装和开展反"围剿"斗争。

蒋介石在第四次"围剿"失败后，便集中力量准备第五次"围剿"中央苏区。驻在中央苏区西南线的粤桂敌人，不断向中央苏区推进，到1933年7月，先后占领了寻乌、安远、信丰等县的南部地区，使中央苏区西南战线遭受威胁。与此同时，蒋介石又对中央苏区实行经济封锁，给中央苏区的经济造成很大困难，特别是药品、布匹、食盐等在当时相当奇缺。因此，发展出入口贸易对中央苏区至关重要。

鉴于上述情况，中华苏维埃共和国中央政府人民委员会于1933年8月16日召开的第48次会议上，专门讨论了建立粤赣省的问题，会议认为："江西省苏辖境太大，行政指挥上不便利，同时为着开展南方战线上的战争，克服消灭与驱逐粤桂敌人，向西南发展苏区，深入现有区域的阶级斗争，开发钨矿和发展出入口贸易，有单独在南方设立一个省的必要"。因此，会议决定：于都、会昌、西江、门岭（筠门岭）、寻乌、安远、信康7县为基本苏区，成立粤赣省，兴（宁）龙（川）县、信（丰）（南）康赣（县）边区、武（平）西部以及大余、定南、全南、龙南和广东的平远、五华、南雄等县边区为粤赣省的游击区和远殖游击区。

面积约2万平方公里，人口约55万，其苏维埃区域和游击区先后包括现属江西省的于都、会昌、寻乌、安远、信丰、南康、赣县、大余、定南、全南、龙南和广东省平远、兴宁、龙川、五华、南雄以及福建省武平县等县的全部或部分地区。

粤赣省的成立，不仅使中央苏区南方战线的力量得到进一步加强，同时，也为发展钨砂生产和开展出入口贸易创造了条件。从1933年8月到1934年10月的一年零两个月时间，粤赣省广大军民在中国共产党的领导下，为巩固和发展中央苏区，粉碎国民党的第五次"围剿"，艰苦奋斗，英勇牺牲，作出了贡献。

1933年12月，为了阻止国民党粤军陈济棠部北上江西"围剿"中央红军，驳壳队队长古汉忠带领十多名游击队员，配合赣南游

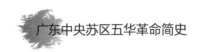

击队，烧毁了官汕交通干线五华境内的三多齐公路木桥，极大地破坏了敌人交通运输线，牵制了陈济棠部北上"围剿"中央苏区的兵力，为中央苏区开展反"围剿"战斗赢得了时间。此举被时任中央军委参谋长刘伯承在中央机关报《斗争》第42期上撰文表彰道："在粤赣方面有赣南游击队，他曾在寻乌通兴宁（含五华）的交通线上，不断地袭击敌人单个部队劫夺辎重，敌人颇受威胁，屡次'搜剿'。因该游击队得到当地群众之拥护，还是继续活动。"

1934年7月，鉴于粤赣省苏区大部分失守，中共中央决定，在赣南战地委员会和赣南军区的辖区内成立中央苏区赣南省。8月组建省苏维埃政府，兴龙县委委员古汉忠等领导的五华境内崇山峻岭中的苏区归中央苏区赣南省管辖。同年10月，中央红军主力长征后，留下的战士则坚持隐蔽斗争。1935年春，中共兴龙县委书记蔡梅祥到五华岐岭等地检查工作，对中央红军战略转移后五华苏区的武装斗争做出了具体部署。

第十节　建立红色交通和经济线，支持中央苏区反"围剿"斗争

1930 年 12 月，五兴龙革命领导机关迁至寻乌、兴宁交界的南扒新村一带后，五兴龙革命根据地由于紧接中央苏区，而成为中央苏区的重要门户。根据地以大塘肚、新村为中心，建立通往五华、紫金、河源、梅县、兴宁、寻乌、定南等地的七八条红色交通线，使五兴龙革命根据地、游击区与中共东江特委所在地八乡山和江西中央苏区联结起来。

中共五华县委除建立了通往各区、乡的交通线外，还开通了五华—龙川大塘肚、五华—兴宁、五华—大南山东江特委机关、五华—丰顺、五华—紫金、五华—揭阳 6 条主要红色交通线，有效地沟通了中央苏区与五华、东江特委、各区委的人员信息来往。中央苏区被"围剿"时期，梅州各地军民冲破敌人的重重封锁，为中央苏区输送了大量紧缺物资，"十万挑夫上赣南"就是对当时广东支援中央苏区的真实写照。而五华人民在国民党各区、乡设卡安哨，阻止物资北上支援红军的严密监视下，为保障苏区红军和中央苏维埃政府紧缺生活用品的供应，冒着生命危险，几

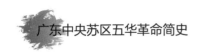

乎每天都有一大批挑夫挑担分五六路，从五华的棉洋、龙村、安流、水寨经华城、岐岭、新桥，再经江西寻乌、安远等地，将食盐、药品、纸张等紧缺物资挑运到中央苏区腹地，帮助中央苏区解决了生活保障和医疗药品紧缺的困难。

随着红色交通和经济线的建立，进一步加强了东江革命根据地与中央苏区的沟通联系，五华为中央苏区输送了一批优秀领导干部和红军，古大存、魏挺群、古清海、黄宝球、古汉忠、曾伯钦等一大批青年主动参与或奉调到中央苏区工作。1930年，时任红五十团副连长的曾伯钦，带领数十名五华籍红军战士，参加了同年3月在江西寻乌的澄江战斗；1932年2月，中共江西省委调五兴龙苏区的骨干古汉忠等到中共会昌县委工作。古大存于1930年11月，接中共广东省委通知："东江苏维埃政府派两名代表，参加在江西瑞金召开的中华苏维埃第一次全国代表大会。"他因战事需要，未出席大会，但仍被选为中华苏维埃共和国临时中央政府执行委员。1934年1月，东江又派出代表，参加中华苏维埃第二次全国代表大会，古大存继续被选为中华苏维埃共和国第二届中央执行委员会委员。魏挺群于1931年年初，受组织安排，辗转到达福建省永定县，任少年共产国际闽西特委（1932年改为中共福建省委）宣传部部长，并主办团干部训练班。1933年奉调江西瑞金，在中国共产主义青年团中央工作，先后任秘书长、宣传部副部长，兼团中央机关报《青年实话》主编，成为中央苏区出色的青年宣传家。1934年10月，中央红军长征，他奉命留在江西苏区，坚持游击活动。

同时，五华苏区为中央苏区红军主力部队提供了大量的兵源支持。与中央苏区地相连的五兴龙苏区党组织除了指挥地方红军和游击队经常配合中央苏区红军作战外，并根据需要，选派其中骨干编入红军主力，还发动当地青年响应"扩红"号召，积极参加红军。1929 年年初，红四军转战赣南寻乌等地，五兴龙游击队的部分骨干在配合红军作战后被编入红二十一军纵队。1930 年 12 月，红十一军第四十八团随闽西红十二军行动，转战永定、上杭，后被编入红十二军第三十四师等，为发展和壮大中央苏区红军的力量作出了贡献。

中央红军长征时，有数百名梅州籍的优秀儿女跟随主力红军长征，其中目前能查到的五华籍长征红军有曾国华、赖绍宏、刘愈忠、李继生、李异凡、马木松、周亚木、周鉴祥、邱林华、胡安 10 人，参加人数位居全省（市）第二，其中牺牲在长征途中的有胡安、李异凡、马木松、周亚木 4 人，走完长征全程的有曾国华、赖绍宏、刘愈忠、李继生、周鉴祥、邱林华 6 人。五华人民为中央苏区创建和发展作出了重大的贡献。

第十一节　五华铁匠是中央苏区
兵工厂的奠基人

　　铁业和石业，向来是五华最负盛名的两大行业，历史悠久，而铁业尤甚。为了找寻活计，很多铁匠，常以三人一伙、五人一帮，走江西、过福建，穿州过府，巡回经营，在粤东、惠阳、江西、福建、湖南等地都留下他们的足迹。他们所锻打铁器品，素来因质量上乘、价格低廉而畅销各地。民国时期，大坝、河口、沙渴等地铁工擅制土枪，其工艺精微几与洋枪相媲美。

　　五华铁匠向来不畏强权，敢于维护正义，富有革命的斗争传统。1925年，梅林优河村德公祠成立优行乡农民协会，会员100多名。农会还组织当地铁匠在德公祠建立农会兵工厂，操着铁锤、锉刀，敲打出大刀、长矛、棱镖一大批和火枪100多支，充实武装力量。1926年，农会组织一支30多人的农民自卫军，前往潭下支援百安等地的对敌斗争。1927年8月初，中共五华县委根据中共东江特委"发展暴动计划"指示精神，在双华矮畲、竹山两地设立兵工厂，招收周边及当地打铁工人30多人，修造枪支弹药，壮大农民自卫军武装。敌人发觉后派兵前来"围剿"，兵工厂转移至冰塘村棣华楼、八乡山等地继续生产武器。1927 年年底，中共紫金县委在炮子乡成立紫金县苏维埃政府，从五华、紫金等地召集一批铁匠在炮子乡上径村山排屋办起了兵工厂，自制"七九"式步枪和驳壳枪，供给农军使用。1929 年 8 月中旬，古汉忠在五兴龙革命根据地大塘肚沥背底村建起兵工厂，雇请五华铁匠和工人 40 多名，日夜锻造枪械，翻造子弹。同年 10 月，中共五华县委为配合红四军进取东江，挑选 100 名铁匠，到梅县顺里村的东江兵工厂日夜制修枪并造土枪、炸弹、地雷和复装子弹，配合红四军开展武装斗争工作，直至 1931 年结束。

1930 年年初，来自五华县水寨、河东、油田、郭田等地擅长铁业的 42 名工人，途经兴宁、寻乌，于 1931 年 9 月到达中央苏区瑞金，在叶坪红军总司令部得到了朱德总司令的接见。他亲切地说："你们一批会造枪修枪的人到来，（红军）有如旱禾见水啊！"随后，马文、马木松、江官寿、江林乃、江其模、江其慎、江维岳、李京生、李继生、李异凡、邱林华、张亚五、张耀华、张景天、刘愈忠、周鉴祥、罗标、郑阿祥、周建华、周亚木、周亚林、曾亚六、曾仲明等 36 人留在江西，安排到官田兵工厂当修械员；另有 6 人则安排到福建兵工厂。

官田兵工厂创办于 1931 年，是中共领导创办的第一个大型兵工厂，因而通常被誉为"人民兵工的始祖"。参加红军的五华籍铁匠和全体兵工厂干部职工一道，多次提前或超额完成任务，为中央红军和地方武装修配步枪 4 万余支、迫击炮 100 多门、山炮 2 门、机关枪 2000 多挺，翻造子弹 40 多万发、手榴弹 6 万多枚、

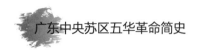

地雷 5000 多颗。马文还被任为兵工厂职工委员会委员长、中华苏维埃共和国国家企业部部长和军事工业委员会委员长等职，走上兵工厂的领导岗位。这批工人正式参加了红军，他们陆续成为人民武装兵工厂的主要负责人和技术骨干，是中央苏区兵工厂奠基人。1934 年 10 月，红军长征迁移时，除留下 100 余人坚持打游击外，全部分批随红军北上长征，后来成为八路军兵工生产的骨干。这些参加红军的五华铁匠如李异凡、马木松、周亚木和一部分连姓名都没有留下的战士，或因修理枪械，或因遭遇战争，不幸在长征途中壮烈牺牲。

中央红军长征时，马文留在南方中央苏区坚持游击战争，后于 1938 年到达延安，后历任八路军总后勤部军事工业处处长、抚顺东北军工部任秘书长等职。参加红军的五华铁匠周鉴祥、邱林华、李继生、刘愈忠等则参加二万五千里的长征并一直担任红军兵工厂的枪械修理工作，这些人均成为红军兵工厂的主要负责人和技术骨干。周鉴祥，历任红军兵工厂组长，延安兵工厂副厂长、指导员等职；邱林华，历任赣南兵工厂工会主任、粤赣兵工厂副厂长、山东北海军工处一分厂厂长、华东野战军军工部六厂厂长、徐州西关兵工厂厂长等职；刘愈忠，参加红军后一直随军修造枪械，历任红十二军修械班班长、红二十二军军械股股长、八路军——五师修械股股长等职，1937 年参加了著名的平型关战役。

第十二节 五华苏区人民的
反"围剿"斗争

　　红色苏区的日益扩大，引来了反动政府和封建势力的疯狂"围剿"。1929年夏，"南天王"陈济棠与蒋介石集团取得了默契，从军阀内战前线腾出几个装备精良的正规军，分布于佗城、岐岭、华城、兴宁和寻乌、安远等一些要冲地区，与各县警卫队、民团和地主武装互相配合，形成一个大包围圈，把方圆数百里的五兴龙边区包围起来，妄图隔绝大塘肚及其周围游击区和东委八乡山、中央苏区的联系，以实现其步步为营、逐个击破的罪恶阴谋。1930年秋，陈济棠密令驻揭阳、丰顺、五华的张瑞贵部配合各县警基干队、民团"进剿"以八乡山为中心的革命根据地。国民党军张瑞贵部每进犯一地，就实行保甲连坐法。在军事上改用"稳扎稳打，步步为营"的战术，疯狂向五华苏区"扫荡"。

　　中共五华县委针对敌人"围剿"苏区的毒辣手段，成立军事委员会，负责指挥反"围剿"斗争。还制定地方武装组织法，规定16岁至40岁的男女，一律编入赤卫队组织；年龄较老的则编为通信队、侦察队；妇女编为洗衣队、慰劳队、担架队等，其编制为三三制。

中共五华县委还根据不同时期、不同地区特点，适时提出切合实际的具体战斗口号，领导群众开展斗争。如1930年夏收季节，便提出"保护夏收"和"武装抢收水稻"等口号；1931年春荒时节，便提出"要饭吃，要衣穿，要钱用，团结起来，没收地主豪绅米谷、财产去"的口号，带领群众没收反动地主的粮食、浮财，解决红军、群众的生活困难。

在分了土地的乡村，发现地主、富农有"反水"讨田或土地果林没收漏网的现象，便提出"开展查田运动"的口号，领导群众深入土地革命斗争，进一步扩大土地革命斗争的成果。针对敌人在白区诱惑群众上当，走上投靠敌人以至对抗革命道路的政治阴谋，县委指示各级党组织和武装队伍，必须加强对群众的宣传工作，揭露敌人阴谋，发动群众与之斗争。坚持在根据地内斗争的红军战士和县赤卫队员，时时爱护群众，处处关心群众利益，急群众之所急。当他们看到农民缺衣少食，红军战士和县赤卫队就用仅有的一点粮食和衣服接济他们。由于党和红军与广大群众同呼吸、共命运，进一步激发了他们支援红军和参加反"围剿"斗争的积极性。在广大群众支援下，红军、赤卫队取得了一次又一次反"围剿"斗争的胜利。

竹头塘诱敌战。1930年7月5日，国民党军纠集五华地反武装1000多人进攻水寨。古宜权带领红军和县、区、乡赤卫队1000多人，采用"诱敌深入，寻机歼敌"战术，将敌军从水寨引进八乡山通往水寨、兴宁的要道太和竹头塘险要地段，向敌军中间冲刺，使敌首尾不能相顾。竹头塘苏区人民手拿粉铳、大刀、长矛乘势冲击敌先头部队，打得敌人措手不及、拼命逃窜。国民党反动军队见红军、赤卫队攻势凶猛，火速从兴宁调兵支援，挽救败局。当大批敌援军赶到时，古宜权即带领红军、赤卫队实行战略转移。此役，毙敌多人，缴获战利品一大批。

深湖阻击战。1930年8月6日，安流福昌乡豪绅李雄球、李天佑勾结五华、兴宁两县警基干队1000余人，"进剿"梅林深湖乡苏区。深湖乡苏维埃政府马上动员带领70多名赤卫队员，凭借居高临下有利地形，与敌周旋。敌军见四面山上红旗招展，误以为中了红军、赤卫队主力伏击，只胡乱向村中扫射一阵，敌首急令向安流撤兵。深湖乡赤卫队乘势追赶敌军十多里。战后，国民党反动政府不甘心失败，于8月17日再次集重兵4000多人，分两路"围剿"深湖乡苏区，一路从梅林优行进击，一路从金坑直插深湖苏区。当敌军进至优行乡时，立即遭到李英统率的县赤卫队的截击，敌军遭到这突如其来的痛击，急调头往回撤，又遭优行乡赤卫队正面堵截，被困在优行乡。战至黄昏，恰逢天下大雨，敌人个个成了落汤鸡，龟缩在一座大屋里。李英率队乘雨夜突袭敌军驻地，敌军大败而逃。另一路敌军窜进深湖乡，深湖乡苏维埃政府指挥赤卫队，据守村口三座炮楼和西边高山，成犄角之势，阻击敌人进犯。在广大苏区人民支援下，赤卫队先后打退了敌人十多次进攻，击毙敌人一大批。战至次日凌晨，赤卫队弹尽援绝，敌军攻陷炮楼，将村民包围，赤卫队带领村民奋力突围。杀气腾腾的李雄球下令开枪射击无辜村民，当即杀伤20多名无辜群众。

此战，敌军伤亡惨重，满载一大船尸体返回安流驻地，赤卫队和革命群众被打死打伤 40 多人，被捉走妇女儿童十多人，被劫耕牛 83 头，财物被抢一空。

念目石截击战。安流念目石是八乡山通往梅林、龙村等地的交通要道。1929 年夏，五华县第七区苏维埃政府在念目石村成立。念目石人民在区苏维埃政府领导下，全歼了安流地反武装 100 余人，缴获步枪 40 多支，子弹 1000 多发。因此，念目石成为国民党五华反动政府的眼中钉、肉中刺。

1930 年秋，县警大队长张九华亲率地反武装 500 多人"围剿"念目石村。赤卫队马上开赴山背田，截击张九华地反武装，经五六小时激战，终因敌我力量悬殊，赤卫队缺乏弹药，20 多名赤卫队员遭敌包围。面对敌军重重包围，赤卫队员个个毫不气馁，奋勇向前，与敌血战到底。子弹打光了，他们握着大刀、长矛冲向敌群，与敌短兵相接，拼个你死我活，结果只有 2 名赤卫队员冲出重围，其余全部壮烈牺牲。

恼羞成怒的敌军进入念目石村后，肆意屠杀村民，焚烧房屋，洗劫耕牛、农具、物品等，幸存的村民只得往外逃生，造成 100 多人的村庄半年多断了烟火。虎口逃生的 40 多个村民回到村子，没有房子，就钻山洞；没有粮食，就挖猴头、硬板头（均为野生植物）充饥；没有炊具，就利用破缸烂钵作炊具；没有棉被，就拿稻草蓑衣当被盖……他们就是这样挨过艰苦的岁月。他们对党忠贞不渝，截至 1949 年中华人民共和国成立，村中没有一个人去当国民党兵，没有一个人做反动的保甲长，没有一个人向国民党政府投降自首。故该村被五华人民称之为"红到底的念目石村"。

接着，大九塘、竹山村、曹塘、沸水塘、华拔、双华、军营、郭田、布尾、坭坑、陶里寨、黄泥寨等苏区人民英勇反击敌军的"进剿"，重创敌人后，各区、乡赤卫队往八乡山转移。敌军攻陷这些苏区后，大肆进行"清乡"：滥捕村民，以"共匪"罪杀头枪决；焚烧房屋、山林，迫使苏区人民逃离家乡；把苏区人民财产、耕牛、农具统统搬走，搬不走的，一概毁灭；对成熟的水稻，则抢割之，未成熟的水稻，则放牛、马践踏、毁坏。

贵人村阻击战。1930年秋，东江行动委员会领导机关转移到大南山后，红十一军军长古大存率领第四十六团和教导团留在八乡山坚持斗争，以牵制敌人。1930年冬至1931年夏，广东军阀先调毛维寿部，后调张瑞贵一个旅的兵力，除以小部兵力（一个团）对付大南山根据地外，集中大部兵力及五华、丰顺各县警卫队共500多人，分数路"围剿"八乡山。在古大存的指挥下，红军在八乡山外围猫坑、畲平、嵩头等多次击退了敌人的进攻。但敌军仍重兵围困，步步为营，进行军事封锁，致使八乡山地区物资粮食都很困难；红军战士毫无怨言，坚持斗争。1931年春，敌人再次重兵围困时，古大存命令古宜权率教导团向西北突围。教导团经过一个多月的艰苦斗争，胜利突围，与红军第四十九团汇合，进入海陆紫苏区。

教导团突围后，留守在八乡山的红军第四十六团，兵力更为单薄，斗争更加艰苦。但是，古大存临危不惧，他组织军民，一面在地处八乡山咽喉的贵人村修筑坚固炮楼碉堡，阻击敌人进入

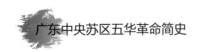

苏区腹地，一面伺机袭击敌人，坚持斗争。1931年春，估计敌人将再次重兵进攻八乡山，红军领导人和中共五华县委动员贵人村周围四乡人民，在贵人村筑起可以阻击和防御敌人的"品"字形堡垒。每个堡垒中心筑起炮楼，周围挖有壕沟，围墙筑得又高又长，在外面再建立木栅，木栅外围地带装上竹钉，其外围又筑起了一层木栅和竹钉。4月，五华反动分子张九华带领400多人武装进攻八乡山。古大存调集红军赤卫队200多人坚守，敌屡攻不下，只得撤退。

6月1日，敌独立二师（张瑞贵旅改编）第三团一个营（李营）及五华县反动警卫队近千人，重点进攻贵人村堡垒。敌人多次以一个排一个排的兵力进行冲锋，都被坚守堡垒的战士击退。历时两天三夜，红军共击毙击伤敌军80余人，而红军仅牺牲战士1人，负伤2人。后因弹尽粮绝，红军于6月6日不得不弃守撤离。

"品"字形堡垒丢失后，红军无险可守，敌人开始深入腹地。这时又接到中共东江特委的撤退命令，同时发现有叛徒做敌人内应，古大存遂于6月11日率领第四十六团共100多人，从滩下撤出八乡山，经戏子潭到揭阳龙潭（今属揭西），再转移到陆丰县下沙至紫金洋头炮仔，与古宜权率领的教导团汇合，在海陆紫及陆惠边界开展游击战争。转移途中数十位干部战士遭杀害。八乡山革命根据地便于1931年6月间全部为敌人侵占，苏区人民遭到敌人的摧残。

第十三节 革命低潮时的五华苏区游击斗争

1930 年 10 月，蒋介石对中央苏区发动了第一次"围剿"，国民党粤东驻军为了配合蒋介石军事行动，开始向五华苏区发起了大规模的军事进攻，加上党内"肃反"严重扩大化，致使五华革命根据地的斗争受到了严重挫折，革命形势逐步转入低潮。同年 10 月底至 11 月初，中共中央派邓发、李富春到大南山召开闽粤赣边区第一次党代表大会，取消了东江行动委员会，改组中共东江特委。

1931 年 1 月，广东军阀混战结束，陈济棠牢牢掌握了广东的军政大权。为配合蒋介石对中央根据地发起的第二次"围剿"，陈济棠调该军第二独立旅张瑞贵部到东江。张瑞贵亲率第一、三团和教导团，纠集五华、丰顺、揭阳三县警卫队、民团，大规模向八乡山革命根据地发起"围剿"。八乡山革命根据地虽然地势险要，易守难攻，但物资缺乏，粮食产量有限。随着红军人数激增，加上国民党军队的反复"进剿"和严密封锁，使本来少粮缺物的八乡山粮食、物资供给更为困难，连军民的日常衣食用品也难以

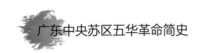

保持必要的供给。红军战士两人才有一块旧军毡，没有一个人有棉衣，只以两三件单衣御寒；加上战士们主食是杂粮、野菜，两天才能吃上一餐稀饭。

面对恶劣环境，为保存实力，牵制敌人，古大存便命令古宜权率领教导团400余人撤离八乡山。至1931年下半年，五兴龙党政机关也转移至寻乌县芳田村一带，五华苏区的革命形势陷入了困境。国民党反动派采取碉堡围困、经济封锁、移民并村、保甲连坐、大肆烧杀等最残酷、最毒辣的手段反复"清剿"。国民党军队所到之处，血流遍地，一片废墟，整个五华陷入腥风血雨中。据不完全统计：自1927年后，全县被杀害人数达3072人，其中被杀害的干部1196人（中华人民共和国成立后均被评为革命烈士），群众1876人。受摧残的村庄有240个，被烧毁房屋10327间，抢走耕牛4221头，物资一大批。其中优行、深湖、禾田水、念目石等14个村被夷为平地，片瓦不留、不见人烟。

面对国民党统治集团的高压残酷统治，为牵制、打击敌人，扭转东江革命被动的局面，中共东江特委决定重整旗鼓，组建若干短小精悍游击队，向东江西北方向游击。游击队有人员近百人，在险恶的政治环境中，他们在紫五边境采用化整为零、分散游击、山内平原一起行动的办法，袭扰敌营、毙伤敌军、截敌运输、破敌交通、焚敌车辆、捣敌仓库、断敌电线等，有力地支持大南山反"围剿"斗争，取得了多次战斗胜利。

1931年夏，地主恶棍魏颂周在龙村葵头嶂组织"护路队"。他们借护路为名，行敲诈勒索之实。他们肆意搜查来往客人、过往物资，严重阻碍党的交通联络。为拔掉这头拦路虎，古宜权率领十多名队员，化装成商人，乘"护路队"检查行李货物之机，拔出驳壳枪，将魏颂周等十多人击毙，使党的交通畅通无阻。同年夏，巫素怀率领五华八区驳壳队配合西北游击队、紫金龙炮苏区军民，将紫金县警基干队300多人引入伏击圈。经3个小时激战，歼敌30多人，俘敌20人，缴获长短枪50多支，子弹一批。五华八区驳壳队还经常出没于五华各地，指导群众对敌斗争，惩办了一批反动首恶及内奸，狠狠打击了五华地反残害苏区的反动气焰。

1932年1月，古大存担任中共陆惠县委书记。3月12日敌人开始向东江根据地的潮普惠、陆惠和海陆紫等苏区进行分割包围，全面"进剿"，重点"驻剿"，采取烧、杀、抢、移民、起联团、筑碉堡等毒辣手段，企图消灭革命势力。在敌人压逼下，许多苏区红色乡村逐步瓦解。但当地人民在以古大存的领导下，配合红军保卫苏区，进行了无数次艰苦卓绝的战斗，取得了相当的战果；不但巩固了苏区，而且争取了非苏区群众，扩大了红色区域，创造了新的苏区。

1932年7月，东江红军独立第二师第二团团长古宜权率领30多名战士突袭五华睦贤乡，消灭了该乡民团，处决了民团团长龙祝初等人。9月，古宜权又率红二团一部到龙村睦贤银子窝游击，拟惩罚当地大地主龙益昌等人。地主龙益昌获悉，星夜派人到安流勾引国民党军张廷中部前来"围剿"。古宜权发觉后，马上率部突围。在共产党员的带领下，红军战士猛打猛冲，终于杀出一条

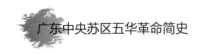

血路，胜利突围。突围后，古宜权率部移驻普宁汤头村。敌张瑞贵独一师一个团配合警卫队共 1000 多人，突袭汤头村。古宜权指挥团部 20 余人奋起反击。在激战中，古宜权腿部受伤仍沉着指挥战斗，击退了敌人多次进攻，激战半天，只剩下团长古宜权、连长甘必新、勤务兵曾卓华 3 人。敌人劝古宜权等人缴枪投降，他宁死不降。古宜权眼见弹尽援绝，无力挽回局面，自己又受重伤，将有被敌俘虏危险，面对涌上的敌人，便饮弹自尽，壮烈牺牲，时年 27 岁。

1933 年 6 月，古大存以东江红军第一路总指挥名义，率领游击队到汤坑磜下肚活动，当获悉汤坑区长来该村处理群众械斗案，马上布置数名游击队员到郭田照月岭设伏，以闪电式战术将汤坑区长击毙。1934 年 5 月 31 日，为开通"围剿"苏区公路，丰顺县长林彬带领随从坐车到丰（良）汤（坑）公路督查工作。古大存率领 12 名游击战士埋伏南蛤龙岗荆棘丛中，林彬刚一下车，就被红军神枪手一枪毙命，其余随从连滚带爬，哀求饶命。击毙反动县长林彬后，古大存马上派人在丰顺汤坑等地贴出布告，署名"东江红军第一路总指挥古大存"。国民党反动政府闻之，坐卧不安。军阀陈济棠马上从大南山调张瑞贵、邓龙光两师兵力到丰五边境，搜寻古大存率领的红军。古大存即率队回大南山，敌军扑空，大叫上了"共军"调虎离山之当。

1935 年春夏间，自中央红军长征后，留下坚持斗争的闽粤赣边游击队司令员古柏，从安远来到龙川上坪，召集龙川、寻乌边境的 20 多名苏区干部开会，传达上级指示精神（一说传达遵义会议精神），并设法与东江地区的古大存取得联系，开展游击斗争。随后，古大存率领张观亮、陈华、曾史文等 17 名红军战士，携带机关枪 1 挺，驳壳枪、曲尺 10 支，以及手榴弹、子弹一批，经过艰苦斗争，昼伏夜行，几经周折，于同年秋天辗转到达大埔高陂一带；设法与闽西红军联系，并在当地建立和发展 6 个党支部，组织工会、贫农团，开展游击活动。

五华苏区人民从 1927 年冬至 1935 年秋，在中国共产党的领导下，坚持了 7 年多的艰难曲折的工农武装革命斗争，经受住了血与火的考验；建立了苏维埃政权，开展了土地革命；有效地牵制了粤军阀北上夹击中央红军的兵力，有力地支援了中央苏区的反"围剿"斗争，为党和人民建立了不可磨灭的历史功绩！

第三章
恢复和发展党组织，坚持抗日武装斗争

早在 1935 年北平爆发一二·九学生运动时，广州学生就组织了"中国青年同盟"等进步青年组织。这是中共直接组织领导的抗日救亡秘密团体，中山大学带动广州各校学生团结一致，掀起了轰轰烈烈抗日救亡运动。当日军进攻广州的炮声打响后，中国共产党指示各先进青年团体，号召广大青年开赴农村，直接参加抗日救亡工作。

1937 年 8 月，中国青年抗日大同盟成员钟靖寰奉命回五华恢复革命工作。1938 年 4 月，钟靖寰在县立二中成立中共二中教工支部，任书记。5 月，成立中共五华县工作委员会，钟靖寰任书记。6 月，成立中共二中学生支部，刘大波任书记。11 月，成立中共三多齐支部，钟应时任书记。12 月，五华县工委改组为中共五华县委员会，钟靖寰任书记。中共五华县委员会建立后，领导五华人民广泛开展抗日救亡宣传活动。

1931 年九一八事变后，日本帝国主义加紧了对中国的侵略，中华民族处于亡国灭族的危难时刻。特别是 1938 年日军铁蹄踏进广东后，日机多次侵入五华县境狂轰滥炸。1938 年 11 月 9 日，日机 11 架空袭五华县华城，投弹 29 枚，炸死 4 人，伤 11 人，炸毁房屋 40 间；10 日，日机 8 架轰炸五华横陂，投弹 30 多枚，炸毁民房店铺 13 间，炸死 5 人，伤 10 人。1939 年 4 月，日机 7 架轰炸华城东山坳，炸死 3 人，伤 12 人；另有 2 架轰炸水寨、横陂

夏阜，炸死2人，炸死耕牛2头。1941年4月15日，日机1架轰炸安流，投弹5枚，炸死4人，伤8人。

面对日本侵略军疯狂轰炸，五华人民没有被吓倒，反而激起了全民的抗日救亡热情。在抗击日军烽火中，五华全体同胞以挽救民族危亡为己任，众志成城，同仇敌忾，共赴国难，用鲜血和生命捍卫家国。

第一节 抗日民族统一战线的形成

1938年开始，广州五华学会组织回乡救亡工作团，回到五华各地组织宣传队开展救亡工作。岐岭、华城、新桥、转水、水寨、横陂、锡坑、夏阜、安流等地小学及全县中学积极组织下乡宣传队，增强五华民众对抗日的认识，激发爱国热情。1938年7月，横陂小学特制抗战漫画100多幅，遍贴于横陂圩街头巷尾，描绘了中共领导军队英勇抗敌的场景，激发民众踊跃支援抗战热情。同时，五华青年踊跃参加军训，分别在华城、水寨、安流集中训练，受训青年共650人；大田福文、锡坑、横陂、夏阜、岐岭等乡还举行武装大会，组织起民众武装自卫队；节约献金、火炬巡行等抗日救亡运动已在全县各地蓬勃兴起。

全面抗日战争爆发后，在中共五华地方各级组织领导下，五华各界民众踊跃参与，高举抗日民族统一战线大旗，进行了艰苦卓绝的工作，团结一切抗日力量，掀起了轰轰烈烈的抗日救亡运动。

各抗日救亡团体如雨后春笋纷纷建立，遍及城乡，展开了声势浩大的抗日宣传、抗日支前和抗日游击战争的准备。此时，五华主要的抗日救亡团体有：塔岗青年读书会、华城青年读书会、

青年抗敌同志会、县立二中抗日前卫队、五华乡村服务剧团等。同时，中共五华地方各级组织灵活主动地采取了一系列统一战线方针、政策，得到了全县各阶层爱国人士和广大人民群众的支持。

1938年5月五华县工委重建后，在国统区的五华组成广泛抗日民族统一战线，已成为重建党后的重要任务。县工委书记钟靖寰首先在县立二中倡导成立抗日前卫队，立即得到广大师生的拥护和支持。县工委宣传委员钟思明和共产党员陈景文等人，组织40多人的乡村服务剧团，深入到圩镇、农村、学校等地，演出五华人民喜闻乐见的街头剧、话剧、山歌剧。五华县工委总结推广岐岭青抗会经验后，各区、乡青抗会如雨后春笋般蓬勃发展，参会人数达1000多人，汇成一股民族解放运动的滚滚洪流，冲击着五华大地。

在国民党反共逆流席卷全县的白色恐怖中，中共五华县委转变斗争策略，以传统舞狮活动和生活福利形式组织抗日醒狮队、穷人会、月子会、老人会、义仓等。还以教联会、学生自治会等名义，先后创办《团结报》《新生》等十多种报刊，热情宣传中共团结抗日政治主张，揭露国民党消极抗日、真反共的狰狞面目，从而赢得一批上层知识分子、民主人士对中共抗日主张的支持和拥护。中共五华县委先后派黄君亮、黄道俊、黄河清、钟寰、吴凤桂等人，打进国民党政权机关和党内，分化瓦解敌人，争取开明国民党五华县长蓝逊和回乡度假国民党军官钟育灵等人对抗日救亡活动支持；赢得国民党广东省教育厅厅长黄麟书、国民党军师长曾友仁对创办皇华中学的帮助，使皇华中学成为国民党政府认定的合法中学。

第二节　反击反共逆流，进行隐蔽斗争

1939 年暑期，国民党五华当局策应国民党中央掀起的反共逆流，在政治上实行独裁，绞杀民主；经济上横征暴敛，大发国难财；在反共的《华风报》上刊登解散青抗会等爱国群众团体的"命令"，反共逆流席卷整个五华。中共五华县委组织领导的公开合法的爱国群众团体几尽丧失，支持抗日救亡的国民党五华县长蓝逊被撤职。接任县长刘奋翘一上台，即与国民党县党部书记长曾伟贤相勾结，对学校施行独裁统治。为反击国民党的反共逆流，中共五华县委发动和领导了一系列的抗日救国学生运动，宣传了中国共产党"停止内战，一致抗日""打倒日本帝国主义"的抗日主张，揭露了国民党五华县当局妥协退让、腐败无能的面目，提高了中国共产党的威望，扩大了党的影响，推动了五华抗日爱国运动的兴起。

一、领导学生运动，反击反共逆流

抗日战争全面爆发后，1938 年下半年五华县立二中（现河口中学）、一中（现五华中学）、三中（现安流中学）师生，在党的

107

领导下，组织抗日前卫队、晨呼队、宣传队、歌剧团等，利用课余、寒暑假时间，深入到圩镇、农村宣传抗日救国。1939年下半学期，国民党五华反动当局掀起了第二次反共逆流，扼杀抗日救亡运动，撤换了2名支持抗日救亡运动的中学校长，解聘了一大批进步教师，并在学校建立法西斯化"训导"制度，对学生实施愚民教育，派校警监视师生上课，不准师生阅读进步书刊、出版进步墙报、演唱抗日歌剧，解散一切抗日团体。中共五华县委组织和发动县立二、一、三中抗日救亡学运斗争。各学校党支部以班委会、学生会名义，揭发和抨击学校反动当局种种罪行。反动校长凭借手中权力，无理开除进步学生的学籍，引起广大师生抗议，集会、罢课、请愿斗争在各学校此起彼伏。学校还对手无寸铁的学生采取武装镇压。学校党组织以学生会名义，印发《告全县父老书》散发全县各地，并号召学生回乡召开各界人士声讨会，赢得一批社会各界人士的支持。经一年半斗争，将二中的李只仁、一中的曾祥朋、三中的魏麟至3名反动校长赶下台，取得学运斗争胜利。

二、开展各种形式的隐蔽斗争

1941年1月皖南事变后，国民党顽固派五华当局不但镇压抗日民主运动，攻击和迫害共产党员和抗日进步人士，而且强迫学校师生参加国民党，建立国民党区分部组织，以训育主任、军训教官为首，制约师生抗日活动。针对当时特殊的斗争形势，中共五华县委批准同意共产党员黄君亮、黄道俊等人加入国民党组织；

先后派共产党员吴凤桂、黄可夫等人，利用各种关系，打进国民党基层政府内部，分别担任转水青塘保长、龙玉湖乡副乡长；指派县委统战部部长钟寰打进国民党五华县农会，任副主席。他们以国民党员、官员身份为掩护，认真做中共党的统战工作，争取团结了一批国民党中上层人士，运用合法与非法相结合的斗争策略，进行隐蔽斗争，使中共五华地方组织顺利度过了困难时期，迎来了光明前景。

1. 开辟良田和大田的隐蔽斗争基地

良田（原属揭阳，现属揭西）隐蔽斗争基地。1941年春，中共五华县委先后派出魏麟基、郑群、魏祥育、杨丽英（女）4人开辟良田基地。他们以办学掩护革命，于3月建立中共良田区工作委员会，书记郑群，委员魏麟基、杨丽英。为加强党的领导，继先立小学之后，又在嶂上村办起分校、夜校，深得群众的支持与信赖，党组织力量不断壮大。同年10月，国民党揭阳县府调魏麟基任河婆警察所所长（巡官）。中共五华县委决定把党的组织工作向河婆地区发展。1942年春，先后开辟了石肚村山区和河婆南森乡2个点。2月，由于形势变化，组织形式也改为特派员制，河婆、良田区特派员为刘成章，副特派员为曾光。同年7月，中共决定停止组织活动，采取单线联系，分散隐蔽。此后，中共良田党组织成为东江纵队和韩江纵队的联系点和武装活动的基地。

大田隐蔽斗争基地。1940年春，中共五华县委派薛弼珊、薛冠洲到大田石灰坝开辟革命据点。他们受聘为育文学校教师，决定以该校为开展工作据点，培养当地青年。1941年，中共大田支

部成立，是当时南水地区第一个中共组织。该村成为中共东江特委同东江纵队前线信息往来的枢纽之一。1941 年 7 月，五华党组织派钟鸣接替薛弼珊工作。为开展武装斗争，中共大田支部还发动虎井村群众利用公尝资金制造武器，聘请转水青塘尾造枪工人在油坊开炉造枪，制造步枪和左轮 50 余支，武装该村青年。大田隐蔽斗争基地的建立，为后来中共后东特委机关迁驻大田打下坚实的基础。

2. 创办培养革命干部的皇华中学和新新中学

皇华中学。该中学位于岐岭镇圩镇。1941 年春，由中共岐岭支部组织社会力量创办皇华小学，派共产党员黄君亮任校长，共产党员和进步人士任教员。同时，建立中共皇华小学支部，书记黄君亮。1942 年春，中共东江后方特别委员会（简称中共后东特委）通过统战工作取得国民党政府同意，将皇华小学升格为皇华中学，黄君亮任董事长兼代理校长。中共后东特委除派副特派员饶璜湘前来任教外，还从后东各县调一批有大学学历或相当学历的共产党员到该校任教，以加强对学校的直接领导。1943 年上学期，聘请博学多才的开明人士黄伯敬任校长。1944 年，争取得到国民党政府承认的合法中学地位。皇华中学创办后，先后培养吸收 80 多名共产党员。300 多名毕业生和教职员中，有 220 多人直接参加抗日战争和解放战争，而且大部分是当时部队的骨干力量。皇华中学是中共后东地区革命的坚强堡垒之一，为党培养了大批革命骨干，为革命作出了不可磨灭的贡献。

新新中学。该位于华城镇新桥长安圩。1945 年春，中共新桥乡支部便在新桥长安圩，利用原中心小学校舍创办了新新中学。并在学校中秘密建立党支部，书记是郭明。中共后东特委派中共龙华边副特派员钟应时担任教导主任兼教员，郭明担任训导主任兼教员，共产党员李植廷任教员。党员教师利用学校阵地对学生进行以抗日救亡为中心的宣讲教育，积极在学生中发现、培养建党对象。该校创办仅有 1 年的时间，就播下了革命的种子，培养了一批对祖国对人民有用的人才。第一届初中班 50 名学生中，1949 年中华人民共和国成立前后为共和国工作的就有 30 余人。

3. 建立地下交通站点和开辟地下交通线

1942 年五六月间，中共五华地方组织为了保持与中共后东特委和良田、大田新革命根据地，以及以后留守机关的联系，在五华境内各地开辟建立了秘密的地下交通站点和交通线。抗战期间，中共在五华最早建立的地下交通联络站是三多齐小学。其后，各地先后相应地建立起一些交通联络站点，其中岐岭有皇华小学（后为皇华中学）、和盛客栈、高沙坑龙潭学校；华城有正定学校、德义学校、县立一中；新桥有新新中学；转水有转水中心学校、惠民学校；大田有育文学校；龙村有塘湖文英学校；梅林有梅冈寺及各地联络人家里。

与此同时，为统一领导全县交通联络站工作，中共五华地方组织分别在三多齐学校和钟鑫耀家开设"和盛客栈"、九龙岗钟广涛家、高沙坑龙潭学校及钟彬麟家、钟俊贤家设立全县交通联络总站，由钟俊贤负责全面工作。党组织在抗日战争时期设于住户家里的地下交通联络站点，一直坚持到五华全境解放的有塔岗村

陈敏家、九龙岗钟广涛家、转水吴肇锦家。在学校和家里兼设联络站的有大田石灰坝育文学校和张俊乔家、高沙坑龙潭学校和钟彬麟家。为了加强与上级党组织和边区党组织的联系，还专门开设了两条安全畅通的地下交通线：第一条从龙川老隆—岐岭三多齐—华城德义学校—大田石灰坝育文学校—龙村—紫金中坝；第二条从华城德义学校—转水青塘—横陂自强学校—棉洋沙田福山学校—揭阳良田。中共后东特委领导与五华党组织的联络工作和全县各个联络站的单线联系，主要由钟彬麟负责。中共五华地下交通联络站点的开辟，使东江、韩江两地革命交通联络工作畅通无阻。每一个交通联络站就是一个战斗小分队，为夺取抗日战争和解放战争的胜利发挥了重要作用。

第三节　中共五华组织活动的恢复

　　1944 年春夏，日军加快南侵，韶关告急。五华因粤北事件疏散到韶关一带乃至贵阳的党员郭明、郭汉邦、李汉兴、张日和等十多人回到五华，在中共后东特委钟俊贤的领导下，逐步恢复党的组织活动。5 月，中共后东特委组织干事、紫五边区人民武装的主要负责人钟俊贤，在长布约见五华共产党员谢华和周永金，准备迎接紫五边区人民武装到五华油田一带活动。他们回到家乡后，积极开展抗日救亡宣传活动，组织了油田青年读书会，建立了中共油田支部。大田、长布一带由于抗日民族统一战线政策落实，群众基础好，所以中共地方组织恢复发展也很快。1944 年 8 月，中共五华县委员会即将恢复时，潭下、长布一带成立了南水区委，由张俊乔负责区委工作，直接领导 4 个支部，即中共福兴支部、中共中心支部、中共潭下支部、中共长布支部，共有党员50 余人。在中共五华地方组织的直接领导下，全县各地抗日救亡宣传又活跃起来。10 月，中共新桥支部恢复组织生活后，利用民间传统的春节，恢复了醒狮队的活动。

　　1945 年 2 月，中共后东地区组织设立特委工作机构，仍采用

特派员制。特派员梁威林，组织干事钟俊贤（8月任中共后东副特派员），宣传干事黄中强，武装干事郑群，青年干事卓扬，电台台长钟应时，机关报《星火报》负责人由黄中强兼任。后东党组织恢复活动后，抽调一批党员、干部到后东各县，协助恢复当地党组织和发动抗日武装斗争。1945 年 8 月上旬，后东副特派员钟俊贤奉命回五华，恢复中共支部组织生活和中共区委工作。在大田石灰坝育文学校召集中共五华组织负责人会议，宣布恢复中共五华县委员会，县委书记张日和，组织部部长郭汉邦，宣传部部长钟志文；并决定分工如下：张日和负责南水一带（大田、长布、潭下），郭汉邦负责西河一带（岐岭、新桥、华城），钟志文负责转水一带（包括转水、水寨、横陂、梅林和兴宁）党的工作。随着中共五华组织的恢复，中共边区地方组织也得到了建立和发展。

1.中共丰华边区区委会的建立与活动。1938 年冬，中共闽西南特委决定，原红十一军留在韩江一带活动的游击队员暂时回乡。从丰（顺）、（五）华边区回五华的张官亮（双华华拔人）、张五（郭田布尾人）回到家乡和革命群众联络宣传后，于 1939 年年初，张五带江震东、张云宏 2 人到蕉岭找到古关贤（古奇），与中共地方组织取得联系。同时，江震东由古关贤介绍，加入中国共产党。随后古关贤又将他的工作关系转到工作所在地丰顺县汤坑，继续发展党员，党组织力量不断加强。1941 年年初，中共潮梅特委领导下的丰顺县工作委员会（书记古关贤），在丰顺、五华边境山区建立中共丰华边区区委会，在五华的郭田、布尾、双华一带发展吸收二三十名共产党员，并建立了几个中共支部和党小组。主要骨干有郭田的江震东，抗战全面爆发后，他就与党组织取得联系，在汤坑联系、团结了一批有革命意志的群众。1942年上半年，中共地方组织为隐蔽精干而停止了活动，他即打入"三点会"组织，化名张权，在"三点会"中享有很高的威信。江震东利用"三点会"的名义跟该会广大成员建立了关系，并在其中进行党的抗日民族统一战线政策的宣传，为抗日救亡做了许多有益的工作，后参加创建了抗日游击队。

2.中共龙华边区组织的建立与活动。1944年暑期，中共后东特派员梁威林根指派中共后东特委组织干事钟俊贤到龙川、五华恢复中共地方组织，设立了中共龙（川）、（五）华边区特派员，负责恢复中共龙华边区组织工作。接着，中共龙华边区特派员按照上级党组织布置恢复中共地方组织的要求，首先是自上而下地个别审查党员，恢复其在停止活动期间仍有个别联系的党员组织生活；然后逐步恢复各中共支部组织工作。至1944年年底，五华全县中共地方组织已普遍恢复建立，中共五华地方组织又活跃起来。

3.中共揭华边区良田组织的活动。1945年春，日军大举进犯潮汕腹地。潮汕的国民党党政机关也纷纷逃亡，普宁、潮阳县政府迁河婆横江。不久，郑群从东江纵队回来，传达上级关于恢复中共地方组织和开展抗日武装斗争的决定，并恢复了中共良田支部，书记有刘汉枢，委员有魏麟基、刘德秀。从此，中共良田组织又活跃起来。良田是揭（阳）、（五）华边区，又是东江纵队和韩江纵队的联系点和开展武装斗争活动的基地，位置十分重要。

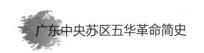

为此，中共后东特委于2月派黄韬任中共揭华边区良田特派员，魏麟基为副特派员；9月后郭明为特派员。五华党组织为加强良田据点建设，还先后派遣党员干部曾光、钟光汉等20余人到良田开展党的工作。此时，中共后东特委也经常派张华基到良田指导工作，并与韩江纵队联系。同年夏初，潮汕地委书记曾广和黄一清，潮梅方面派古关贤、江震东也到良田联系工作。接着，中共后东特委武装部队由魏刚带领，韩江纵队由古关贤、欧阳源、汪硕带领，以良田为基地，崇德学校为据点，向揭阳南山，丰顺八乡，五华棉洋、磃砂、梅林和龙村一带活动，打击敌顽。为掩护和支持东江部队和韩江部队的活动，中共良田组织布置动员共产党员、进步青年和学生筹集资金、粮食支持部队解决给养，并给部队送信、带路，年纪大的学生轮流放哨，为取得抗日战争的最后胜利贡献力量。

第四节　五华抗日武装力量的组建

1944年12月至1945年春，在粤东，占领潮汕的日军向粤东腹地发动大规模进攻，于1945年1月26—28日和2月1日，先后占领揭阳、普宁、惠来等县城及主要交通枢纽，潮汕几乎全面陷落。梅州地区的丰顺县汤坑镇先后于1944年12月10日和1945年1月25日两次陷落，梅州告急。面对如此严峻的形势，在中共五华组织的领导下，五华组建抗日武装力量进行抗日。

1. 五华抗日游击队。1941年春，共产党员江震东（郭田人）和张云宏、古简等人从丰顺回到五华郭田乡发动组织成立了有十多人参加的抗日武装队伍。1942年春，这支队伍遭敌破坏，被迫转移至梅林、龙村等地活动，并与五华上山区（第三区工委）党组织取得联系，密切配合，宣传发动群众，队伍不断扩大。1943年1月，这支队伍在龙村杜坑宣布成立五华抗日游击队，队长江震东，副队长古简，队员六七十人，主要活动于五华、陆丰边境。1944年4月，在陆丰蓝塘镇附近，先后惩罚了祸国殃民的大汉奸8人。5月，在百万（地名）伏击到处奸淫掳掠的日本骑兵，打死日军6人，缴枪6支。

1944 年冬，日本侵略军从潮汕打到丰顺猴子崀时，张日和、钟光汉、邓其玉等在塔岗德义学校举行了组织抗日武装队伍、开展游击斗争的筹备会议。会后，他们很快在大田、转水、新桥、华城、三多齐、高沙坑、华阳等地掀起了一浪高过一浪的抗日救亡热潮。在大田，张日和将自己家里及亲人的长短枪拿出来，并发动群众请造枪师傅制造了 30 多支枪，组织了一批青年骨干。在转水青塘围，吴肇锦利用宗族的有利关系，集中武器，武装吴氏青壮年，做好一切准备，迎击侵华日军。在华城黄埔，由李福、李顿兄弟把家里的枪支拿出来，将李姓公尝的长短枪、火粉铳等七八十支拿出来，动员全乡青年分成 3 个队，组织起声势浩大的抗日队伍。在新桥，由郭明、郭汉邦、李植廷等中共支部书记、委员带头，发动群众购置十多支枪及一批子弹，还聘请水寨河口 12 名造枪师傅，制造枪弹。其他各地按照德义学校会议精神，召开会议，收集武器，组织抗日队伍，五华抗日激流在全县各个村沸腾。全县人民枕戈待旦，一旦日军来侵，便扯起红旗与日军战斗。后来，由于日军溃逃，武装斗争才暂时停止。

2. 紫五人民抗日自卫大队。1945 年春，中共后东组织到紫金南部古竹一带和紫五边区组织武装。这支抗日武装骨干，来自五华及河源黄村、紫金。5 月，以原武装骨干训练班为基础，调集地方部分共产党员和东江纵队司令部派出的军事骨干，组建紫（金）五（华）人民抗日自卫大队（简称紫五大队），大队长张华基，副大队长温敬尧。全大队 70 多人，下设 2 个中队，主要活动在五华长布、华阳和紫金中坝之间的山区，建立后东地区抗日根据地。6月，紫五大队推进到华阳东北山区，后拉向紫金城南部，向古竹方面靠近。同月，中共后东组织决定，紫五大队与古竹队两支抗日武装合编，成立东江人民抗日武装自卫总队，全队100多人，总队长郑群，政委梁威林。合编后，队伍初在紫金东江河边境和紫金黄塘一带山区活动。1945年7月下旬，东江人民抗日武装自卫总队向河源康禾黄村一带活动，号召广大群众参军参战，全力消灭日本侵略军。

1945年7月26日，中、美、英三国发表波茨坦公告，敦促日本投降。8月6日和9日，美国先后在日本的广岛和长崎各投放了一枚原子弹。8月8日，苏联对日本宣战。8月9日，毛泽东发表《对日寇的最后一战》的声明。8月15日，日本天皇发布《终战诏书》。日本无条件投降。中国人民经过多年浴血奋战，终于取得了抗日战争的完全胜利。9月16日上午，广东地区日军签字投降仪式在广州中山纪念堂举行。在抗日战争中，中共五华组织高举党的抗日民族统一战线的旗帜，坚决贯彻执行党的全面抗战路线和各项方针政策，积极开展抗日救亡运动和抗日武装斗争，为打败日本侵略者，赢得抗日战争的胜利，作出了重要的贡献。

第四章
军民拨云见日，迎来胜利曙光

第一节　争取和平民主，坚持自卫斗争

一、中共紫五龙河边工委的成立
与中共后东特委在大田

　　1945 年 10 月，国民党广州行营主任张发奎秉承蒋介石"进剿"中共武装密示，在广东集中反共反人民的大后方兵力，不断向东江纵队加强进攻。为了避免内战，保存革命力量，东江纵队进行了必要的自卫反击之后，主动转移到敌后山区，发动和武装群众，建立以河源宁山为中心的根据地，发展革命武装力量，以对付国民党的内战。同月，中共后东特委决定成立中共紫（金）、五（华）、龙（川）、河（源）边工作委员会（简称中共紫五龙河边工委），边工委书记为卓扬，常委为钟光汉、钟寰、魏麟基，委员为张日和、周福郎。根据当时边工委的分工，张日和负责五华党的工作，壮大中共五华地方组织。

　　1946 年 2 月，中共后东特委在大田青江村双螺石举办青年干部训练班。由于敌人进攻宁山根据地，形势险恶，训练班转移到石灰坝尖崇山。参训人员主要有五华县立一中、皇华中学的学生

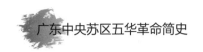

骨干，以及华城、转水、长布、潭下中共支部新吸收的党员，共30余人，还有十多名建党对象。

1946年3月间，由于宁山根据地遭敌"扫荡"，中共后东特委机关和特委机关报《星火报》、电台等由白云嶂转移到大田石灰坝虎井村。中共后东特委恢复委员制，特委书记梁威林，组织部部长钟俊贤，宣传部部长黄中强，武装部部长郑群，秘书长兼青年部部长卓扬。梁威林等特委领导经常住在虎井村群众家里，领导全区的革命斗争。6月，中共后东特委机关奉命北撤。机关从五华大田撤退时将多余武器分别交由大田、三多齐等中共地方组织负责掩蔽保存，电台则交由中共三多齐支部掩蔽。石灰坝村自建立党组织至五华全境解放，保证了中共后东特委党的领导机关、人员、电台的安全，是此时期梅州市的抗日游击根据地和解放战争时期五华武装的大本营。

二、东江、韩江人民游击队在五华的游击活动

抗战胜利后，驻潮汕的国民党一八六师五五七团，猖狂向韩江纵队根据地大南山、八乡山等地进攻，韩江纵队不得不展开自卫斗争。为牵制敌人，减轻根据地的压力和扩大中国共产党的政治影响，韩江纵队第三支队支队长古关贤率领以汪硕为大队长的第一大队与魏刚率领的东江游击队共250人，向揭阳、丰顺、五

华边区一带出击。1945 年 8 月 30 日晚，部队袭击五华塘湖敌盐警队。由于当时行动迟缓，走漏风声，敌人早有戒备，加上部队未与当地党组织取得联系，结果袭击失利。9 月 6 日，部队转战龙村，袭击五华龙村县警中队、警察所、乡公所和仓库获得成功，击伤并活捉县警中队队长曾斌，缴枪 20 余支，弹械一批，还开仓济民；引来国民党大批部队增援，有力地牵制了敌人对大南山、八乡山革命根据地的"扫荡"。

8 月下旬，国民党军进攻东江、粤北，妄图一举歼灭东江纵队等抗日武装。12 月，东江纵队东进指挥部指挥长卢伟良率领一个主力营，挺进到河源黄村根据地与中共后东特委武装东江人民抗日自卫总队会合，扩大武装力量。中共后东特委单独成立了五华人民自卫大队，大队长钟良，政委吴肇锦，这支武装坚持活动至东江纵队北撤。

1946 年 1 月 10 日，国共两党代表正式达成停战协定。但广东国民党当局并无诚意停战，派出一个教导团，纠集紫金、五华、龙川、河源 4 县警卫队，进攻紫五龙河边的黄村根据地。边区指挥部率领东进部队与东江人民抗日自卫总队，在黄村半径和白云嶂对敌展开顽强的阻击战后，主力撤出黄村根据地，东江纵队东进部队转移到海（丰）、陆（丰）、惠（阳）、紫（金）、五（华）边。东江人民抗日自卫总队除紫五边部分武装跟随东进部队转移外，总部队及其武装就地分散，在边区坚持斗争。同月，东江纵队东进部队一部分由第四团政委李征率领，在惠阳、紫金边活动，与东江人民抗日自卫总队紫金、五华边区部分武装合编组成

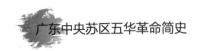
紫五大队，大队长温敬尧，政委钟慧，隶属东进指挥部指挥，活动于紫金、五华边境一带，伺机打击顽敌。1月底，袭击周江冰坎前国民党五华县长缪淑民家，缴获枪支弹药一大批。2月11日，紫五大队在华阳小拔吉蓬窝活动，敌军600多人分三路夹攻，部队战士奋起抗击，毙伤敌军7人，紫五大队采取"金蝉脱壳"战术，安全撤出。

在团长黄布、政委李征率领下，东江纵队东进部队第四团于2月开赴紫金、五华、丰顺、陆丰边境一带活动。3月上旬，与汪硕率领的韩江纵队第一大队在丰顺县八乡山戏子潭会师。会师后，首先攻打国民党设在丰顺贵人村乡公所的乡长廖少成，没收了几十石谷、一头水牛、两头猪。同时命令两个连和手枪队奔袭五华郭田布尾一刘姓地反，途经双华禾田水村（今苏区村）时，遭国民党一八六师叶柏光部袭击，与国民党顽军展开了激烈的战斗，击伤击毙敌人一批。但在这次战斗中，团参谋黎标和战士彭伟华牺牲。奔袭郭田未成，部队主动撤回八乡山，继续开展游击活动，分散坚持斗争。

从1945年8月到1946年3月，东江、韩江人民游击队执行中共中央和中共广东区委指示，在敌强我弱的情况下，分散坚持，开辟游击根据地，在五华的军事行动中互相配合，互相策应，频频出击，取得了一定的胜利。

三、国民党叶柏光团"驻剿"安流，
上山区党组织受到破坏

1946 年春初，国民党一八六师叶柏光团进驻安流、华阳、塘湖等地后，疯狂破坏上山地区中共地方组织。韩江纵队第三支队党员干部江震东等一批共产党员、游击队员和进步人士先后被捕入狱，几十名共产党员和革命战士被悬红通缉，白色恐怖一时笼罩五华全县。

5 月，中共五华县委组织部部长郭汉邦根据中共后东特委组织部长钟俊贤的指示，在岐岭圩开办一家以经营米谷生意为主的"振丰行"商号，为中共五华县委和中共后东特委新的中共地方组织联络据点。东江纵队北撤后，这个据点对坚持和发展中共五华地方组织的革命斗争发挥了重大作用。

四、东江纵队北撤与隐蔽斗争

1946 年 1 月 10 日，国共两党代表达成停止内战的协议。5 月 21 日，在广东的国共双方达成中共广东武装人员北撤山东的协定。中共后东特委和中共潮梅特委接到中共广东区委关于迅速北撤的指示后，调集部分参加武装斗争的党员干部和政治面目已暴露或正被敌人通缉搜捕的共产党员参加北撤山东的行动。

参加北撤山东的东江纵队有 2583 人，其中五华籍党员干部有郑群、古关贤、黄可夫、钟光汉、黄韬、张斌、钟寰、钟慧、陈敏、吴天、李福、李顿、魏刚、魏琦、陈炳胜、陈宽、黄材武、张铭均、刘碧辉、钟信、钟鸣、卓仁象、李森、钟士诚、徐兴、张一虹、钟斐、谢芳明、陈冠华、古伟中、孔学渊、李才、刘××（双头人）共 33 人。北撤人员于 6 月 30 日在惠阳大鹏湾沙鱼涌登船，7 月 5 日安全抵达山东烟台解放区。这些东江纵队北撤人员后来编入人民解放军第三野战军序列，参加了华东的鲁南、莱芜、豫东、济南、淮海等重大战役。1949 年 3 月转隶第四野战军指挥南下广东，1949 年 9 月担负了解放广州的战斗任务。

东江纵队北撤后，广东各地中共地方组织由委员制改为特派员制，同时留下部分武装骨干坚持分散隐蔽斗争，保护复员人员和人民群众的利益。6 月，中共后东特委改为特派员制，特派员钟俊贤；留下武装人员 20 多人，由周立群、张惠民（张古）率领，活动于河源、紫金、五华边境山区。五华的钟俊贤、张开等武装人员，活动于五华大田、长布与紫金、龙川、河源等一带山区，并通过五华的三多齐、大田石灰坝中共地下交通站，联系和指挥后东各县留下的武装骨干，坚持隐蔽斗争。与此同时，中共紫五龙河边工委和中共五华县委均撤销。原边工委委员、中共五华县委书记张日和撤退到国外。中共五华县委改为特派员制，特派员钟应时、郭汉邦。9 月后，钟应时调河源，实行单线联系，坚持隐蔽斗争。

第二节　恢复武装斗争，反抗国民党"三征"

一、武装斗争的恢复与兴起

1946 年 6 月，全面内战爆发。同年 11 月 27 日，中共广东区委根据中共中央指示及全省斗争形势，做出恢复武装斗争的决定。1947 年 1 月下旬，中共广东区委决定，撤销中共九连地区临时工作委员会，成立中共九连地区工作委员会（简称中共九连工委），同时建立东江人民抗征队，负责人钟俊贤、王彪。中共九连工委统一领导九连地区党组织和恢复武装斗争。2 月，中共五华县特派员郭汉邦参加在香港举办的各县主要领导干部训练班回县后，五华党组织就积极做好恢复武装斗争的思想准备和组织工作，筹集枪弹武器，动员共产党员和进步青年参军，为全面恢复武装斗争打基础。

1947 年 5 月 6 日，中共中央成立香港分局，管辖广东、广西两省和福建、江西、湖南、云南、贵州等省部分地区和港澳等地中共组织。同时，原中共潮江特委改为中共潮汕地委，香港分局

派刘向东任中共潮汕地委副书记，负责军事工作。6月7日，原特委直属武工队，普宁、潮阳县武装小组，以及原潮汕韩江纵队部分军事骨干共70多人，在大北山的庵寺天宝堂（今属揭西县南山镇）汇集。刘向东代表中共潮汕地委宣布成立"潮汕人民抗征队"，司令员刘向东，政委曾广，活动范围包括五华边境地区；明确提出反对内战、反抗"三征"、实现和平民主等重大任务。东江人民抗征队和潮汕人民抗征队的成立，标志着解放战争时期东江人民和潮汕人民武装斗争开始了一个新的阶段。

6月上旬，中共九连工委常委钟俊贤，派五华籍共产党员郭明负责政治（指导员），钟彬麟负责军事（队长），李韧、钟小中和龙川籍陈麟5人组建五华武装政治工作队，简称五华武工队，回五华恢复武装斗争活动。五华武工队以潭下大布坪和大田石灰坝为根据地，出没于五华西河、南水，龙川，河源边境一带地区。为加强党对武装斗争的统一领导，7月下旬，中共九连工委决定将所辖地区划分为河东（河源之河东及紫金、五华、龙川边境的一部分）、河西、和东、连和4个区。各区先后成立党的分工委，相当于中共中心县委组织，领导组织恢复武装斗争活动。中共九连地区工作委员会河东分工委（简称河东分工委），书记由中共九连工委常委钟俊贤兼，常委钟应时、王彪，委员邹建、张惠民。7月，指导员郭明调回总部，河东分工委派张鼎汉（张可）接替郭明的工作，队员增加赖燕如，9月后委员增加张日和。从此，五华武工队生龙活虎地活动于紫金、五华、龙川、河源边境，直插五华敌人腹地，迫使敌人龟缩在几个城镇据点中。

　　在中共五华地方组织密切配合下，五华武工队破仓分粮，反抗"三征"，减租减息，惩办敌顽，赢得了广大人民群众的支持拥护。9月底，参加河东分工委举办青年干部训练班学习的蓝虎彪回五华加入五华武工队，河东分工委又派张汉利（河源人）到五华武工队。五华武工队先后又吸收了李坤、张化、古春、李坤祥、古定、罗进华、张开、张雄、郑明和龙川的叶发、叶日、吴进等人参队，增加了五华武工队的领导力量和骨干力量，队伍逐步扩大。到11月底五华武工队已增至五六十人，拥有轻机枪1挺。这时，总部决定正式成立中队（代号华熊队），队长钟彬麟，指导员张鼎汉负责全面工作，外称为"张可队"。

　　五华武工队在当地党组织配合下，紧紧抓住敌区兵力空虚的大好时机，袭击各地警察所、乡公所，破仓分粮，收缴武器，反抗"三征"，扩建队伍，因而武装斗争此起彼伏，武装队伍不断壮大。3月以后，中共五华地方组织动员一大批政治面目已暴露的共产党员和革命青年，沿着新开辟的安全可靠的交通线，先后输送来自五华、兴宁、龙川的共产党员和进步青年300多人（仅灶背塘出发输送的就有100多人）参加人民武装队伍，为总部扩军、建军输送军事、政治骨干人员作出了贡献。

二、反抗"三征"，进行破仓分粮的斗争

国统区的五华恢复武装斗争后，贯彻执行中共中央、中共中央香港分局的反"三征"、破仓分粮政策，密切配合当地中共地方组织，广泛发动群众，全面开展破仓分粮，打击国民党地方反动势力，取得了一系列的重大胜利。

1. 三次袭击岐岭警察所，破仓分粮。1947 年 9 月—1949 年 3 月间，华熊队活动于南水、西河一带，在当地党组织和民兵、革命群众的密切支持配合下，先后三次攻打了岐岭警察分驻所和田粮收纳仓，共缴获长短枪 20 余支、子弹 100 余发，仓谷约 450 余石和物资、文件、票据一大批，狠狠打击了国民党五华地方反动势力。

2. 多次烧毁三多齐公路木桥，切断敌人运输增援线。三多齐公路木桥是官汕线东、韩江地区通往广州、韶关的主要交通运输线上的重要桥梁。解放战争初期，国民党广东省政府为配合蒋介石"进剿"革命根据地，通过官汕线，将"剿共"军队、物资源源不断运往东、韩江地区，加紧向东、韩江革命根据地"进剿"。五华武工队于 1948 年 1 月至 1949 年春，采取乘虚突袭"内外线"结合战略战术，多次烧毁三多齐公路木桥，摧毁敌守桥哨楼，俘获守桥自卫队员十多人，缴获枪支 20 多支，子弹近千发。三多齐公路木桥被烧毁后，迫使国民党政府雇挑夫肩运物资过河，大大减弱了敌运输速度，沉重打击了敌人，扩大了革命影响。

3. 伏击李介中部、惩办敌顽钟世民。1947 年 12 月 22 日，驻在大布坪牛角窝的华熊队，据群众提供的国民党五华县警大队长李介中（梅县人）率队 160 多人从大田向大布坪开来的情报。华熊队即当机立断，决定在敌必经之路石涧槽进行伏击。由于缺乏经验，装备差，加上敌我双方力量悬殊，致使战斗失利。共产党员张开和战士钟兴、古定 3 人牺牲，总指挥张鼎汉等 3 人负伤。1948 年，国民党孔化乡副乡长兼乡自卫队长钟世民积极为国民党政府助力，守护三多齐公路木桥；开出共产党员和武工队员的"黑名单"，迫害革命家属缴交"红谷"，引诱参队人员回来"自新""投案"等，是极端反动的顽固分子。1948 年 3 月，在五华县特派员、五华武工队总负责人郭汉邦的部署下，由赖燕如负责率领队员蓝虎彪、张雄、王杰、李赤、刘鹏共 6 人，到三多齐钟世民开设的屠宰店捉拿钟世民，拟将其押到黄村总部进行教育警告。岂料钟竟持猪刀反抗，拒捕外逃，结果被当场击毙。

4. 新桥破仓分粮。1948 年 1 月 20 日，五华武工队在中共新桥支部的密切配合下，巧妙袭击新桥粮仓，担走仓谷一部分，缴获一批物资，放火焚烧粮仓，活捉管仓员之弟，武工队安全撤退。事后第二天，新桥反动头目勾结国民党五华县政府，派人到新桥捕捉革命群众和共产党员。当场枪杀 3 人，被捉去坐牢的有 11 人；还强迫群众赔偿仓谷 180 余石。新桥的革命群众遭到严重摧残与迫害。

5. 油田破仓分粮。1949 年 2 月，转水武工队指导员陈群和中共油田支部书记谢华等，率领武工队与揭陆华边区一武装小分

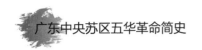

队，袭击国民党油田乡公所和八斗种粮仓，活捉所丁、仓丁共 4 人，缴枪 6 支、子弹数百发，开仓谷 200 石，烧毁仓库账簿一叠。袭击油田乡公所和破仓分粮的胜利，大大鼓舞了人民群众的革命斗志，加速了国民党反动政权的灭亡。

6. 袭击转水警察所，破仓分粮。1949 年 1 月，转水武装工作队组建，队长钟彬麟，指导员陈群。2 月，他们在大岭背与兴宁接壤的交通要道设立税站、仓库，公开收税 3 个多月，为部队筹集大量经费。同时，攻打转水警察所，活捉巡官，缴了警察所印鉴 1 枚，长短枪 5 支。4 月 13 日，进行开仓济民，有几百群众参加担粮，缴获粮 300 多石。

第三节 反击两次"清剿"，
粉碎国民党进攻

随着华南地区人民武装队伍迅速壮大，游击战争广泛展开，国民党统治的一些乡村政权被摧毁，反动统治开始动摇。

国民党为了挽救其全面崩溃的局势，于1947年9月委派宋子文到广东接任国民政府军事委员会广州行辕主任兼广东省政府主席和广东省保安司令。

其主要任务是消灭华南人民武装力量，搜刮华南人民的民脂民膏，以支持内战，出卖华南资源换取美援。

同年12月始，宋子文组织8.9万余人的兵力，对广东人民武装力量发动了所谓"分区扫荡，重点进攻"的两期"清剿"。

在严酷的形势面前，中共五华组织加强党对武装斗争的领导，粉碎了国民党的两次"清剿"。

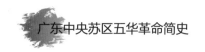

一、打退国民党的第一期"清剿"

五华武装工作队的反"清剿"斗争。1948年2月起，五华武工队紧密地配合东江人民抗征队主力部队作战，全力以赴投入反"扫荡"斗争。2月27日，五华武工队员蓝虎彪、张雄等7人袭击国民党双头税站，缴获长短枪各1支，子弹200余发。后又派2名武工队员，突袭新桥一地主家，胜利完成任务。三四月间，国民党五华县长魏育怀率县警大队围攻潭下大布坪，枪杀革命群众3人。设立自卫队，设卡放哨，悬红抓人罚款，实行五户联保，强迫自新，实行惨无人道政策，制造白色恐怖。

为反击敌人对根据地"围剿"，4月，中共九连工委河东分工委书记钟俊贤召集五华党、军负责人会议，明确提出五华武工队任务是发动群众，反对内战，反抗"三征"，想方设法筹集枪弹、钱粮支援部队，坚决镇压与人民为敌的反动敌顽。会后，五华县特派员郭汉邦在高沙坑主持召开五华武工队赖燕如、蓝虎彪等十多名主要骨干参加的会议。会后，五华武工队在五华地方组织统一领导下开展武装斗争，反击国民党"清剿"。

东江人民抗征队在五华开展游击活动。1948年，东江人民抗征队第一大队队长张惠民率领蓝溪乡武装大队、华熊队和川南队共300多人进军五华，不断袭扰敌人，打击敌人。1—2月，接连出击周江冰坎、岐岭双头地反和国民党政府、军队高官的家，缴获枪支、弹药、粮食物资一批。同时，开了长布等地的田粮收纳仓，没收仓谷 500 余石分给群众和上交总部。

3 月，中共河东分工委委员张日和率领东江人民抗征队属下的紫五大队（包括华熊队、关公队、赵云队 3 个连队），开赴紫五边境，24 日在华阳小拔坑尾遭遇国民党自卫队的"进剿"。紫五大队奋勇迎击敌人，从早上 8 时激战到下午 1 时，敌首被击伤，狼狈撤退。

4—5 月，紫五大队转移到梅林、塘湖一带活动，后因条件不成熟，回师河源整训。留下华熊队奉命转战揭阳、陆丰、五华边境一带。5 月 1 日开进良田根据地，与潮汕人民抗征队配合行动，先后参加川岭、朱竹坑、埔仔寨、横江、赤窖、茅坳嶂等地战斗。

潮汕人民抗征队在五华开展反"扫荡"活动。1948 年，潮汕人民抗征队与东江人民抗征队相配合，在五华琴江以东地区开展活动。

1 月 20 日，潮汕人民抗征队第一大队 100 多人，由大队长林震、政委郑希和张华基等率领，从八乡山据点出发，袭击安流吉水国民党"烟台警备司令"汤毅生家，缴获轻机 1 挺、长短枪 6 支及物资一批。不久，林震等又率队到五华沙田开仓济民。是月，该大队又夜袭双华冰塘，镇压当地反动头子 2 名，缴枪十多支，粮食几百石。

7 月 5 日，潮汕人民抗征队第一大队又两次组织攻打国民党双华联防驻地，但因缺乏攻坚手段，致战斗失利，副大队长刘怀和战士黄道佘不幸牺牲。

二、粉碎国民党的第二期"清剿"

1948年6月，宋子文发动第一期"清剿"失败后，人民游击战争有较大发展。但是，国民党不甘心失败，又调动3个补充旅、15个保安团和112个独立保安营及地方团队，实行"联防联剿"，划区"清剿"，对广东人民武装力量发动第二期"清剿"，以达到其"安定华南"的狂妄目的。

中共九连地区委员会成立和广东人民解放军粤赣边支队的组建。1948年6月，中共九连工委在河源船塘召开会议，粤赣湘边区临时党委成员梁威林传达中共香港分局关于公开斗争旗帜，组织主力团队集中打歼灭战，组建广东人民解放军粤赣边支队等重要指示和决定。同时宣布中共九连地区工作委员会改为中共九连地区委员会，中共九连地委下辖和东区、连和区、河西区工委（相当于县委）与河东区工委（相当于中心县委）。紫五大队仍留在河东地区活动，牵制打击敌人。8月7日，九连地区人民武装整编为广东人民解放军粤赣边支队（1949年1月改称中国人民解放军东江第二支队），支队下设4个团和3个直属大队。紫金、五华、龙川、河源四县交界边区的河东人民武装整编为粤赣边支队第四团。

中共揭陆华边工委成立和独三大队的武装斗争。1948年8月中共揭阳、陆丰、五华边工作委员会（简称中共揭陆华边工委）在横江成立，书记陈权。9月，中共揭陆华边工委改为中共揭陆华边县委，书记陈权。在中共揭陆华边县委的领导下，在边区活动的东江、韩江部队合编成立独立第三大队（简称独三大队），又称横江大队，大队长钟良，指导员唐克。大队下设 2 个中队：原东江的华熊队为第一中队，原韩江的武工队编为第二中队。同时，中共揭陆华边县委还先后成立棉洋、磂砂、三水、水寨乡武工队，活跃在五华琴江以东的广大地区，深入农村，宣传发动群众；建立革命联络站；打击顽敌；号召人民团结一致，共同对敌，为解放边区建立民主政权做好准备。

中共丰华兴边工作委员会建立和独立中队的组建。1948 年 9—10 月间，潮汕地区的解放战争已由山区推向平原。10 月，中共潮汕地委和二支司令部决定，派出武装骨干力量开辟丰华兴边的一片平原新区，临时成立中共丰顺、五华、兴宁边区工作委员会（简称丰华兴边工委），由原丰顺县委常委、宣传部部长廖志华任边工委书记，蔡洛明任副书记。丰华兴边工作开展后，边工委统一领导边区的党政军，全面发动群众，开展武装斗争，粉碎国民党的第二期“清剿”，在斗争中发展、壮大队伍。1949 年 3 月，廖志华调离丰华兴边工委，由蔡洛明任边工委书记，李娥任组织委员，张九任宣传委员。5 月，水寨解放后，蔡洛明兼水寨军管会主任。丰华兴边工委先设在桐梓洋山区，后迁至狮子山区，3 月移到郭田坪上，后移至水寨。丰华兴边工委的工作直接受中共潮汕地委和二支司令部及中共丰顺县委的领导，物资由二支司令部直接供应，其中心任务是解放三县边区，使潮汕地区与闽粤赣边区以及东江地区连接成一片大块根据地。6 月，中共潮汕地委和二支司令部根据上级指示，决定撤销丰华兴边工委，将丰华兴

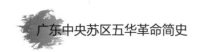

边地区和人员分别合并到揭陆华边、丰顺县以及兴宁县。

中共梅兴丰华边县委员会的组建。1947 年 9 月，中共粤东地委派原中共梅县特派员廖伟到梅兴丰华边组建边县委和边县武装。1948 年 1 月成立中共梅兴丰华边县工作委员会，11 月正式成立中共梅兴丰华边县委员会，书记姚安，副书记陈学，下辖 6 个区委。其中华区区委会成立于 1949 年 2 月，其区域在今五华郭田、坪上及兴宁、丰顺交界地区，至 6 月边县撤销时止。华区游击工作队脱产队员 30 多人。他们既是一支地方工作队，又是一支带武装的战斗队。时而配合闽粤赣边纵部队，时而配合潮汕抗征大队，有力地打击了敌人嚣张气焰。在反击国民党反动派第二期"清剿"期间，敌人妄图控制税收，切断中共地方组织和人民武装的经济来源。对此，中共五华地方组织和武工队与之展开了针锋相对的斗争。1948 年 9 月，五华武工队在岐岭合水梨树下岐岭河交通要冲上，设立税站。每天对过往的米谷商船进行打税，将征收到200 多石的粮食和其他物资变换成银两，购买枪弹、药品等日用物资，派人送往东二支四团。此举不但解决了人民解放军和地方武装部队的经济给养，而且在政治上鼓舞了群众，打破了敌人的经济封锁。同时，发动党员群众捐钱献物，支援部队。1948 年 3 月，陈群在转水的大岭、黄龙发动党员群众，捐钱购买枪弹，献出衣物一批，支援部队；另外积极做好乡绅上层人士的统战工作。东二支派邓其玉与陈群深入到上层人士，认真做好宣传教育工作，从而使一部分乡绅自愿捐谷，献出枪支等物支援部队。

第四节　发动春季攻势，解放五华全境

　　解放前夕的五华县党组织和革命武装，受两个边区党委和直属部队的领导，即粤赣湘边区党委、粤赣湘边纵队，主要活动于长布、大田、潭下、双头、岐岭、龙村、梅林、华阳、周潭，以及横陂、小都、华城、转水、水寨琴江以西等地区；闽粤赣边区党委、闽粤赣纵队，活动于安流、棉洋以下的琴江以东的双华、郭田、平南、油田、河口、水寨东部等一带地区。

　　中国人民解放军取得辽沈、淮海、平津三大战役的重大胜利后，国民党的主力部队已基本消灭殆尽，国民党反动统治摇摇欲坠。1949 年 1 月 1 日，中国人民解放军总司令部批准，宣告成立中国人民解放军粤赣边纵队和闽粤赣边纵队。原粤赣边支队改称粤赣湘边纵队东江第二支队，原四团为粤赣湘边纵队东江第二支队第四团（简称东二支四团）；原潮汕人民抗征队改编为闽粤赣边纵队第二支队（简称闽粤赣边纵队二支队），活动于揭（阳）陆（丰）（五）华边区。两支边纵队根据中共中央香港分局的指示，积极主动进军，尽快靠拢，协调作战，发动春季攻势，建立大块根据地，共同完成解放华南的任务。

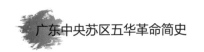

一、东二支四团进军解放五华

根据中共九连地委指示，中共五华地方组织于 1949 年 1 月 31 日在河源叶潭朱畲举办五华县党员干部训练班，时间 7 天，主持人张日和、郭汉邦、邓其玉。参加学习的有全县各区中共支部书记以上的党员骨干 30 多人。朱畲训练班结束后，随即在全县和兴宁部分地区调整、恢复党组织，成立 4 个中共区委、1 个中共独立支部：即中共西河区委（岐岭、西河、华城、新桥一带），中共第二区委（转水、水寨、河口、油田、横陂、夏锡一带），中共南水区委（大田、长布、潭下一带），中共兴宁区委和中共大华支部（包括黄埔、学赖坝、小基一带）。

1949 年 2 月，粤赣湘边区党委副书记兼边纵副政委梁威林，在大田石灰坝育文学校宣布成立中共五华县工作委员会（简称中共五华县工委）。书记郭汉邦，组织邓其玉，宣传陈群。中共五华县工委的成立，加速了五华革命形势发展，广大农村已为解放军所控制，部分乡村人民政权陆续建立。此时全县武装斗争更趋于活跃，由隐蔽转向公开。为适应武装斗争的发展，奉命活动于横江的揭陆华边独立第三大队与五华武工队合编，扩大成立粤赣湘边纵队东江第二支队第四大队，大队长张鼎汉（张可），政委郭汉邦，主要活动于五华长布、潭下、岐岭等西河一带和龙川的登云等地。闽粤赣边纵队第二支队独立第三大队（简称闽粤赣边纵队二支队独三大队）奉命到五华琴江以东的棉洋、磺砂等地活动，组织地方武工队，为主力部队进军五华做准备。

突袭横江自卫队开仓济民。1949年2月25日，粤赣湘边纵队东二支四团主力，在团长王彪、政委张华基、副团长张惠民、政治处主任张日和率领下进军五华横江，与五华武工队和地方党组织在长布会师。会师后，首先突袭国民党横江自卫队，敌人全部缴械，计有长短枪13支，并打开横江粮仓，获谷200余石，赈济贫民。敌长布自卫队闻风逃窜，四团主力部队当即进驻长布圩，受到当地群众的热烈欢迎。

锡坪伏击战为五华解放铺平道路。1949年2月28日，东二支四团主力部队在团长王彪、政委张华基、政治部主任张日和的率领下与五华武工队从长布出发，走过粘坑，翻过八尺坳，走出甘畲尾，过公田。当天下午4时抵达潭下黄泥岗、茅坪尾时，获悉国民党五华县自卫总队队长李端模部100余人经锡坪去潭下与张桂开部会合的情报，于是决定在锡坪下畲伏击敌军。3月1日上午9时，敌人进入军事包围圈。待敌全部进入伏击圈时，指挥部立即发出攻击信号，接着200多名埋伏在四面山头的战士，像一群猛虎般地扑向敌人。战斗半小时即告大捷。此役毙敌五华县自卫总队队长李端模等8人，伤敌20余人；缴获轻机2挺，长短枪100多支，弹药辎重40多石，战马5匹；生俘自卫总队副队长宋挺以下70余人。至此，李端模部全军被歼，而东二支四团主力则无一伤亡。锡坪伏击战的胜利，震动全县，国民党各地自卫队纷纷瓦解，完全摧毁了五华县反动政权赖以生存的武装力量，为五华全境解放铺平了道路。

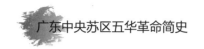

赶走海盗黄忠部队，收编邹世良残部。1949年3月，忠义救国军黄忠、邹世良部占据安流，组建所谓"中国人民解放军嘉属护乡团"，到处开粮仓，抽捐税，勤缴民枪，侵犯群众利益，扰乱社会治安，损害中共和部队建立的新根据地。4—5月，部分被人民解放军歼灭，部分被收编为人民军队。

五华县人民政府在冰坎宣告成立。1949年1月，粤赣湘边纵队建立战略基地，粉碎敌人进攻，决定在粤赣湘边区全面开展春季攻势。2月初，东江第一支队司令员蓝造率领独立第一、二营由惠阳安墩向紫金、五华进军。首先协同七团解放九和、龙窝，击退紫金县城来援之敌；其次进军五华，解放登畲和华阳，歼敌100余人，从而打通了江南地区与九连地区的联系。同月，东二支四团与东江第一支队协同作战，由西向东进击，扩大紫（金）五（华）活动区域。东二支四团主力进军五华后，在中共五华地方组织、武工队和地下民兵的密切配合下，继全歼县自卫总队、赶走海盗黄忠后，又铲除盘踞在五华各地的自卫队和地方反动武装。这时，东二支四团继续挥师南进，接连解放龙村、硝芳、登畲、华阳、梅林、长布、大田、周江、小都等地区，并与东江第一支队主力会师于华阳。

1949年3月开始，闽粤赣边纵队第二支队第五团、七团、八团（原独三大队）等也先后解放五华县属东南部之棉洋、磘砂、安流、油田、郭田、布尾、双华等乡村，普遍建立乡村人民政权。4月，在梅林建立五华县第一个乡人民政府，接着龙村、布洋等解放区乡级政权也相继建立起来。这时，张日和率队由梅林龙村转入周潭乡冰坎村，为在冰坎建立五华县人民政府做准备，并在冰坎建立乡人民政府。4 月 20 日，闽粤赣边纵队独三大队又解放五华东部重镇水寨。5 月 8 日，成立水寨军管会。此时，国民党五华县政府已经只能控制华城到兴宁、华城到转水的两条公路线，国民党的政令除县城（华城）之外，已经无法行使，五华全境解放指日可待。在此形势下，五华县人民政府于 5 月中旬初在周潭乡冰坎福庆楼宣告成立，县长魏麟基，副县长张日和。

保十团一营起义，五华县城和平解放。1949 年 4 月底，受东二支队四团政治处主任张日和及中共五华县二区区委书记陈群的指派，分别派人打进国民党五华县保安营、自卫队、警察局，掌握敌情，伺机起义。5 月 14 日，国民党保安十三团团长曾天节率团在龙川宣布起义，接着东二支主力攻克老隆。曾天节即派人与张润进联系加紧起义准备工作。17 日，驻五华国民党保安第十团第一营营长张润进，五华县保安营营长张桂开和警察局局长钟凯率所部共 670 余人，宣布起义。至此，五华县城和平解放。随即由上级批准成立五华县临时军事管制委员会，主任张润进。5 月 25 日，张日和率领四团四大队二中队和政工队以及南水地区民兵等从潭下到华城；魏麟基等率领闽粤赣边纵队二支八团的两个连和横陂、水寨地区的一批武工队员、民兵以及起义人员等从小都到华城。这两支队伍在西林学校会合统一编队，由魏麟基、张日和、郭汉邦、邓其玉率领，举行庄严的入城仪式。李明宗、张润进率领华城各界代表到西林坝迎接。华城几千群众和起义部队列队欢迎人民政府和人民子弟兵胜利进城。接着，在中山公园举行

欢迎大会，五华的历史从此翻开了新的一页！

6月中旬，中共粤赣湘边区委员会副书记兼粤赣湘边纵队副政委梁威林到五华视察工作，并主持恢复成立中共五华县委员会，书记张日和，第一副书记魏麟基，第二副书记郭汉邦。

二、潮汕游击队进军揭陆华边

揭陆华边指挥部和安流军管会的成立。五华县是闽粤赣和粤赣湘两个边区的接壤地带。1949年1月下旬，中共潮汕地委贯彻中共中央香港分局关于"粤赣湘边、闽粤赣边两边区党委联合建立惠阳以东、韩江以西、海陆丰以北至赣南的大块根据地"的指示和两边区党委河田联席会议精神，决定派部队向五华的琴江以东地区进军。3月10日，闽粤赣边纵队第二支队司令员刘向东率领二支一团、七团、独三大队和良田基干民兵队，进入棉洋、罗经坝、黄竹坑、正巷一带。3月11日，闽粤赣边纵队直属五团和边纵二支七团，奉命进驻棉洋黄竹坑地主张幼生屋"建中楼"成立揭陆华边临时指挥部，由七团团长李彤兼任指挥员，统一指挥军事行动。3月24日，二支五团从丰顺八乡山进入郭田、布尾一带，开辟琴江以东的新区工作，扫清沿琴江的反动势力，协助边县委发动群众开展减租减息运动，建立民主政权。3月25日，闽粤赣边纵队司令员刘永生率领边纵机关及边直一团开抵郭田坪上，与边纵二支一团、五团一营等部队胜利会师。边纵主力团在郭田坪上会师后，司令部召开团级干部会，决定成立边七团，由边一团抽调2个连队和边直第五团第三连组建。边直第五团下属建制是一、二、四、五共4个连和侦察、通讯各1个班，总人数500多人。3月底，由蔡洛主持成立棉洋乡民主政府。这是闽粤赣边纵队进军五华边区之后成立的第一个乡级政权。

4月7日晚，二连和短枪班乘黑夜突袭鲤江敌联防自卫队，缴敌长短枪50多支，子弹6000多发。4月19日，部队推进到锡坑，敌联防自卫队闻风而逃。4月下旬，部队与武工队配合，分头到黄桥、吉水、老河陂、河口、石团等地收缴国民党军政人员家中之枪械，缴长枪130多支，短枪几百支，机枪3挺，子弹2000多发。同时，还收缴水寨乡公所、联防队长枪50多支。4月28日，李彤等率领指挥部武装进驻安流，解放安流镇，成立揭陆华边临时指挥部安流军管会，主任蔡洛。5月，独立第三大队改编为第八团，政委黄佚农，军事上由刘镜代负责，政治处主任曾郁青。安流作为五华的商贸重镇，没有系统的旧行政机构，而率先成为揭陆华边首先解放的一座"城市"。遵照中共中央、华南分局和潮汕地委关于城市工作政策成立军事管制委员会，并用军事管制委员会名义出布告，张贴安民告示，还成立安流镇人民政府，负责处理政权、行政各项工作。军事管制委员会自成立至6月正式成立揭陆华边人民行政委员会，存在时间不到两个月。

揭陆华边人民行政委员会的成立和五华部分乡村政权的建设。随着五华新区工作深入开展，在边区五华境内的乡村政权普遍建立起来的基础上，6 月 18 日，揭陆华边人民行政委员会在安流三江中学（今安流中学）宣告成立，主任曾列明。同时，成立边县农会，会长古连。揭陆华边人民行政委员会属过渡性临时县级政权机构，建制范围共 16 个乡、9 个独立行政村、2 个市（镇）、4 间中学。五华边有 12 个乡民主政府、3 个独立行政村民主政府及 2 个市（镇）民主政府、3 间中学隶属其中。9 月成立揭陆华边临一区和临二区两个区民主政府。临二区下辖大石双、龙岗、泉砂、平南、平东、河口、东升、油田 8 个乡，安流、洑溪、鲤江 3 个直属乡，水寨、安流 2 个镇，22 个行政村。揭陆华边人民行政委员会的成立，为该地区乡村政权建设、迎军支前、迎接大军南下、巩固该地区民主秩序做了大量工作。1950 年 3 月 15 日奉命撤销，原属五华县境部分乡村，即琴江以东的三江、棉洋、磖砂、洑溪、三水、鲤江、大石嵩 7 个乡和安流镇，以及临二区的河东、平南、平东、油田、郭田和叶湖、东升行政村一带划归返五华县管辖；机关工作人员李鹏、古连等 76 人调入五华县人民政府统一安排工作；共移交公债谷 2.09 万石，罚没谷 1200 石，物资有棉胎、草青布、胶鞋等一大批。

第五节　人民政权的建立和巩固

　　1949 年 5 月 26 日，五华县人民政府在华城李家祠正式挂牌办公，全面接管国民党旧政权，成立秘书室、民政科、群运科、宣教科、财经科、军事科、公安局等相关政府部门机构，并任命了各部门负责人。6 月 16 日，五华县委、县人民政府在华城举办行政干部训练班，有 300 多名学员参加为期 1 个月的学习训练，为五华民主建政培养一批骨干力量，整顿健全区、乡、村各级党组织及行政机构。7 月，五华又派 20 多名干部参加中共九连地委在老隆举办的青年、妇女干部训练班学习。政府机关逐步建立起了工作、学习和生活制度，机关工作人员实行军事集体化生活，摒弃旧官僚旧习气。

　　发动民众迎军支前。1949 年 8 月，五华县迎军支前动员委员会成立，主任张日和，副主任魏任之、郭汉邦。各乡、村也相继成立迎军支前机构。揭陆华边人民行政委员会也成立迎接大军动员委员会，主任曾列明，副主任张九。在中共五华县委和迎军支前指挥所（动委会）的领导下，全县还组织 4 个工作队和 4 个督导组，分赴全县 4 个区，与当地乡村人民政府相配合；依靠农会、

青年会、教联会、妇联会和党员、干部积极分子，深入各圩镇、农村，大张旗鼓开展宣传活动，掀起全县迎军支前行动高潮。仅半年时间，全县（不包括揭陆华边区所辖五华部分）共捐献稻谷8820石、新衣300套、木柴7300万斤、其他猪禽蛋品、干菜、毛巾、草鞋和马草一大批。揭陆华边区在迎接大军动员委员会领导下，从6月至7月中旬，共捐献稻谷1000多石、牛十多头、生猪100多头、鸡鸭鹅及衣物等一大批。

击溃胡琏兵团窜扰。1949年7月22日—9月中旬，被解放军追赶南逃的国民党胡琏兵团2万余人，由江西窜抵粤东，先后三次从兴宁出动，向新桥、华城、油田方向进犯县境，两次进入县城，流窜于新桥、华城、转水、水寨、油田、郭田等地，所到之处奸淫掳掠，无恶不作。事后统计，全县被抓去的青壮年600多人。东纵二支新三团、新一团、直属钢铁连，闽粤赣边纵二支八团和武工队及广大民兵紧密配合反击，先后在新桥、三源洞、鸡麻颈、水寨琴江两岸、河口七都、茶亭岗、黄沙（现平东）、丫髻岭等处交战十多次，毙伤敌副营长以下200多人。人民解放军战士、共产党员、乡村干部、民兵牺牲十余人。9月27日，在南下大军和地方武装合力抗击下，国民党胡琏兵团狼狈溃逃，经汕头出海逃往台湾，新生的人民政权得以巩固。

平息温伯洲、张贤彦反革命暴动。1949年7月22日，登畲地主温伯洲勾结陆丰上砂地反庄照楼、棉洋张杏文，组织武装500多人，乘解放军粤赣湘边纵队四团主力转战紫金后，带队进行反革命报复，围攻紫金、五华边县武工队和登畲乡人民政府，洗劫共产党员、登畲乡农会副会长温秋香的家，气焰十分嚣张。当地军民在三区武工队、龙玉湖乡民兵的增援下合力抗击，仍未平息。粤赣湘边纵队东江第四支队获讯，先派刘卓中率一营兵力400人协同民兵反击；后加派平炮连、搜索连200多人增援，与敌周旋激战半个月，攻陷敌据点，迫使敌人龟缩到坚固的树善楼。8月6日晚，敌打出白旗，宣布投降，温伯洲乘黑夜化装成妇女，混在人群里潜逃，暴乱得到平息。此战，毙敌3人，俘敌20多人，缴获枪支、弹药一批。三区武工队员邹荫兰和边纵四支队战士张福生、徐金水等人牺牲。

1948年春，国民党大田乡乡长兼自卫大队长张贤彦等勾结一批官僚地主继续秘密组织地主武装，据守大田、青村、大径一带与人民为敌。五华解放后，他们一伙继续勾结在一起，抗缴枪弹。1949年8月25日，他们纠集100多人枪，向大田乡人民政府和民兵进行武装反攻，公开进行反革命武装暴动。大田乡人民政府立即组织石灰坝等地民兵60多人进行反击。经一场激战，把张贤彦队伍赶回大径村。翌日，中共五华县委书记张日和率2个连和粤赣湘边纵队东二支主力钢铁连，以及潭下、紫金中坝民兵几百人包围大径村，并得到粤赣湘边纵东江第四支队派出2个连兵力增援，经2小时战斗，拔除敌据点，俘敌头目张伯洲等30多人。逃上山的敌首张贤彦、张杏开等地反武装人员，慑于人民武装强大的军事压力，也于9月3日下山投降自首。至此，暴乱得到平息。

1949年10月1日，毛泽东主席在北京天安门城楼上庄严宣

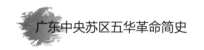

日报》《梅州日报》等党史资料史书报刊，吸收了广东中央苏区的最新研究成果，插入了一大批珍贵的党史历史图照。全书包括前言、正文（共4章28节）及后记，共8万余字。全书具有较强的权威性和可读性，对于深化五华中央苏区历史的研究，对于传承红色基因、弘扬红色文化，具有重要的现实意义。

《广东中央苏区五华革命简史》的编写出版成书，自始至终得到了省、市党史部门及时的业务指导和悉心帮助，更加离不开五华县委、县政府的高度重视和大力支持，也得到龙川、兴宁等兄弟县（市）党史研究室的大力支持协助。特别是中共梅州市委党史研究室主任邓文庆、副主任姚意军，征研科徐雪琴、李珊等同志，以及熟悉党史的领导、专家学者，给予了无私热情的悉心指导和帮助，多次对书稿作了认真修改、审定和补充；还有参与此书的编务人员古江南、江连辉、黄焕坤、陈彩萍、吴丽婷、谢丽兰等同志全力支持配合编写的各项工作，在此一并表示衷心的感谢。可以说，该书是集体智慧的结晶，是众人耕耘的成果。

历史是最好的教科书。我们期待《广东中央苏区五华革命简史》的出版，能使广大党员、干部群众，特别是青少年学习和了解五华革命先先辈视死如归、百折不挠的革命精神和厚重的爱国主义情怀，从革命先辈身上吸取宝贵的精神财富，进一步传承、弘扬苏区精神。

因编写出版《广东中央苏区五华革命简史》，时间短、要求高、工作量大，加之编写人员水平有限、经验不足，或有疏漏错讹之处，敬请广大读者谅解指正。

编　者

2021年3月